Stefan Holzner

Die Online-Durchsuchung

Reihe Rechtswissenschaft

Band 211

Stefan Holzner

Die Online-Durchsuchung:
Entwicklung eines neuen Grundrechts

Centaurus Verlag & Media UG 2009

Zum Autor: Stefan Holzner, geboren 1978, studierte Rechtswissenschaften an der Johannes Gutenberg-Universität in Mainz und absolvierte einen Weiterbildungsstudiengang Medienrecht am Mainzer Medieninstitut mit Abschluss als Master of Laws (LL.M.). Zur Zeit ist er Wissenschaftlicher Mitarbeiter und Doktorand am Lehrstuhl für Zivilrecht, deutsches und internationales Wirtschaftsrecht und Arbeitsrecht von Prof. Dr. Uwe H. Schneider an der Technischen Universität Darmstadt.

Die Deutsche Bibliothek – CIP-Einheitsaufnahme

Holzner, Stefan:
Die Online-Durchsuchung : Entwicklung eines neuen Grundrechts /
Stefan Holzner. – Kenzingen : Centaurus-Verl., 2009
(Reihe Rechtswissenschaft ; Bd. 211)
ISBN 978-3-8255-0733-6 ISBN 978-3-86226-867-2 (eBook)
DOI 10.1007/978-3-86226-867-2

ISSN 0177-2805

Satz: Vorlage des Autors
Umschlaggestaltung: Antje Walter, Titisee

Vorwort

Das *Bundesverfassungsgericht* hat mit seinem Urteil zur Zulässigkeit der Online-Durchsuchung vom 27. Februar 2008 – 1 BvR 370/07 ein neues Grundrecht geschaffen. Auf Grund einer Verfassungsbeschwerde hatte das Gericht insbesondere die Vereinbarkeit einer eher unscheinbaren Norm des nordrheinwestfälischen Verfassungsschutzgesetzes mit den Grundrechten zu prüfen, die der Behörde die heimliche Online-Durchsuchung von Computersystemen ermöglichen sollte. Im abschließenden Urteil wurde in richterrechtlicher Verfassungsrechtsfortbildung das Grundrecht auf Gewährleistung der Vertraulichkeit und Integrität informationstechnischer Systeme entwickelt. Dieses – zunächst etwas sperrig klingende – neue Grundrecht wird immense Auswirkungen auf den Umgang des Staates mit den sog. informationstechnischen Systemen seiner Bürger haben. Aber auch auf das Verhalten und die Verhältnisse der Bürger untereinander in Bezug auf die Nutzung von Datensystemen wird seine Wirkung ausstrahlen.

Die vorliegende Arbeit wurde vom *Mainzer Medieninstitut* im Weiterbildungsstudiengang Medienrecht an der *Johannes Gutenberg-Universität* Mainz im Sommersemester 2008 als Masterarbeit angenommen. Sie versucht neben der bloßen Darstellung der wesentlichen Inhalte des Urteils eine Einordnung und Analyse der möglichen Auswirkungen auf die Rechtsordnung. Dabei wird berücksichtigt, dass Rechtsfragen der Behandlung informationstechnischer Systeme auf Grund der weltweiten Verbindung der Datennetze nicht auf die nationale Rechtsordnung beschränkt bleiben können. Rechtsprechung und Literatur sind bis Mitte Juli 2008 eingearbeitet.

Mein besonderer Dank für die gewährte Hilfe bei der Fertigstellung dieser Arbeit gebührt Frau Rechtsanwältin *Isabelle Schleiter* und – nicht zuletzt, aber zum Abschluss – meinen Eltern.

Mainz, im Dezember 2008 Stefan Holzner

Inhaltsverzeichnis

Literaturverzeichnis

Backes, Otto / Gusy, Christoph
Wer kontrolliert die Telefonüberwachung? – Eine empirische Untersuchung von Richtervorbehalten bei Telefonüberwachungen –, Kurzfassung der Ergebnisse des Forschungsprojekts in: StV 2003, S. 249 – 252.

Bär, Wolfgang
Anmerkung zu LG Hamburg, Beschl. v. 01.10.2007 – 629 Qs 29/07, in: MMR 2008, 426 – 427;

Anmerkung zu BVerfG, Urteil v. 27.02.2008 – 1 BvR 370/07, in: MMR 2008, S. 325 –327;

Telekommunikationsüberwachung und andere verdeckte Ermittlungsmaßnahmen – Gesetzliche Neuregelungen zum 1.1.2008, in: MMR 2008, S. 215 – 222;

Strafrecht in der digitalen Welt, Vortrag auf der BKA Herbsttagung 2007: „Tatort Internet – eine globale Herausforderung für die Innere Sicherheit", abrufbar unter http://www.bka.de/kriminawissenschaften/herbsttagung/2007/langfassung_baer.pdf (Stand: 12.07.2008), [zitiert: *Bär*, Strafrecht in der digitalen Welt];

Handbuch zur EDV-Beweissicherung im Strafverfahren, Stuttgart u.a. 2007, [zitiert: *Bär*, Hdb. EDV-Beweissicherung].

Barton, Dirk-Michael / Weißnicht, Elmar
Online-Überwachung im Unternehmen – Ein Überblick über die Rechtslage in Frankreich, in: MMR 2008, S. 149 – 154.

Bamberger, Heinz / Roth, Herbert (Hrsg.)
Kommentar zum Bürgerlichen Gesetzbuch, Band 2, 2. Aufl., München 2008, [zitiert: *Bearbeiter*, in: *Bamberger/Roth*, BGB].

Baum, Gerhart, u.a.
Verfassungsbeschwerde gegen das VSG NW, abrufbar unter: http://baumreiter.de/mandate/online-durchsuchung.html (Stand: 12.07.2008), [zitiert: *Baum u.a.*, Verfassungsbeschwerde].

Böckenförde, Thomas

Die Ermittlung im Netz, Tübingen, zugl. Diss. 2003, [zitiert: *Böckenförde*, Ermittlung im Netz].

Bogk, Andreas

Sachkundige schriftliche Stellungnahme, Antwort zum Fragenkatalog zur Verfassungsbeschwerde 1 BvR 370/07 und 1 BvR 95/07, abrufbar unter http://www.andreas.org/stellungnahme-bverfg.pdf (Stand:12.07.2008), [zitiert: *Bogk*, Fragenkatalog].

Borges, Georg

Rechtsfragen des Phishing - Ein Überblick, in: NJW 2005, S. 3313 – 3317.

Britz, Gabriele

Vertraulichkeit und Integrität informationstechnischer Systeme, in: DÖV 2008, S. 411 – 415.

Brohm, Winfried

Die Funktion des BVerfG – Oligarchie in der Demokratie?, in: NJW 2001, S. 1 – 10.

Brüning, Janique

Der Richtervorbehalt – ein zahnloser Tiger? Über die verfassungsrechtliche Notwendigkeit des Richtervorbehalts und seine Ineffizienz in der Praxis, in: ZIS 2006, S. 29 – 35.

Buermeyer, Ulf

Verfassungsrechtliche Grenzen der „Online-Durchsuchung", in: RDV 2008, S. 8 – 15;

Die „Online-Durchsuchung". Technischer Hintergrund des verdeckten hoheitlichen Zugriffs auf Computersysteme, in: HRRS 2007, S. 154 – 166.

Bundesamt für Sicherheit in der Informationstechnik (Hrsg.)

VoIPSEC, Studie zur Sicherheit von Voice over Internet Protocol, abrufbar unter https://downloads.bsi-fuer-buerger.de/literat/studien/VoIP/voipsec.pdf (Stand: 12.07.2008), [zitiert: BSI, VoIPSEC].

Bundesverband der Deutschen Industrie e.V. (BDI) (Hrsg.)

Stellungnahme zum Referentenentwurf für ein Gesetz zur Neuregelung der Telekommunikationsüberwachung und anderer verdeckter Ermittlungsmaßnahmen sowie zur Umsetzung der Richtlinie 2006/24/EG, abrufbar unter: http://www.bdi-online.de/de/fachabteilungen/5018.htm (Stand: 12.07.2008), [zitiert: *BDI*, Stellungnahme];

Pressemitteilung v. 15.10.2003: „BDI fordert verursachergerechte Kostenregelung bei der Telekommunikationsüberwachung", abrufbar unter http://www.bdi-online.de, [zitiert: *BDI*, Pressemitteilung].

Carus, Manu

Ethical Hacking, Strategien für Ihre Sicherheit, Unterhaching 2008, [zitiert: *Carus*, Ethical Hacking].

Denninger, Erhard

Die Trennung von Verfassungsschutz und Polizei und das Grundrecht auf informationelle Selbstbestimmung, in: ZRP 1981, S. 231 – 235.

Eifert, Martin

Informationelle Selbstbestimmung im Internet – Das BVerfG und die Online-Durchsuchung, in: NVwZ 2008, S. 521 – 523.

Fox, Dirk

Stellungnahme zur „Online-Durchsuchung", abrufbar unter http://www.secorvo.de/publikationen/stellungnahme-secorvo-bverfg-online-durchsuchung.pdf (Stand: 12.07.2008), [zitiert: *Fox*, Stellungnahme];

Realisierung, Grenzen und Risiken der „Online-Durchsuchung", in: DuD 2007, S. 827 – 834.

Gatzke, Wolfgang

Unscharfe Grenzen in Wirklichkeit und Recht, in: Kriminalistik 2007, S. 356 – 362.

Geschonneck, Alexander

Computer Forensik, 3. Aufl., Heidelberg 2008, [zitiert: *Geschonneck*, Computer Forensik].

Germann, Michael
Gefahrenabwehr und Strafverfolgung im Internet, Berlin 2000 (zugl. Diss. 1999).

Gurlit, Elke
Die Verfassungsrechtsprechung zur Privatheit im gesellschaftlichen und technologischen Wandel, in RDV 2006, S. 43 – 50.

Gusy, Christoph
Rechtsgüterschutz als Staatsaufgabe – Verfassungsfragen der „Staatsaufgabe Sicherheit", in: DÖV 1996, S. 573 – 583;

Das verfassungsrechtliche Gebot der Trennung von Polizei und Nachrichtendiensten, in: ZRP 1987, S. 45 – 52.

Habel, Oliver M.
Eine Welt ist nicht genug - Virtuelle Welten im Rechtsleben, in: MMR 2008, S. 71 – 77.

Handbuch Multimedia-Recht
hrsg. v. *Hoeren, Thomas / Sieber, Ulrich*, Teil 1: Technische Grundlagen, Loseblatt-Ausgabe, Stand: 15. EL Juni 2006, [zitiert: *Bearbeiter*, in: Hdb. Multimedia-Recht].

Hansen, Markus / Pfitzmann, Andreas / Roßnagel, Alexander
Online-Durchsuchung, abrufbar unter http://www.heymanns.com/servlet/PB/menu/1226897/index.html (Stand: 12.07.2008), [zitiert: *Hansen/Pfitzmann/Roßnagel*, Online-Durchsuchung].

Härting, Nico
Internet am Arbeitsplatz, Folgen des BVerfG-Urteils zur Online-Durchsuchung, in: BB 2008, Nr. 12, Die Erste Seite, M1.

Hay, Peter
US-Amerikanisches Recht, 3. Aufl., München 2005, [zitiert: *Hay*, US-Recht].

Hirsch, Burkhard
Das Grundrecht auf Gewährleistung der Vertraulichkeit und Integrität informationstechnischer Systeme, in: NJOZ 2008, S. 1907 – 1915.

Hoeren, Thomas
Was ist das „Grundrecht auf Integrität und Vertraulichkeit informationstechnischer Systeme“?, in: MMR 2008, S. 365 – 366.

Hofmann, Manfred
Die Online-Durchsuchung – staatliches „Hacken“ oder zulässige Ermittlungsmaßnahme?, in: NStZ 2005, S. 121 – 125.

Holznagel, Bernd / Bonnekoh, Mareike
Voice over IP - Regulierungsbedarf und erste Lösungen, in: MMR 2005, S. 585 - 591.

Hornung, Gerrit
Ein neues Grundrecht, in: CR 2008, S. 299 – 306;

Ermächtigungsgrundlage für die „Online-Durchsuchung“?, in: DuD 2007, S. 575 – 580;

Die Festplatte als Wohnung – Erwiderung, in: JZ 2007, S. 828 – 831.

Hufen, Friedhelm
Staatsrecht II, Grundrechte, München 2007 [zitiert: *Hufen*, Staatsrecht II].

Interministerielle Arbeitsgruppe (AG) „Online-Durchsuchung“ des (österreichischen) Bundesministeriums für Justiz / Bundesministerium für Inneres (Hrsg.)
Erweiterung des Ermittlungsinstrumentariums zur Bekämpfung schwerer, organisierter und terroristischer Kriminalitätsformen („Online-Durchsuchung“), Schlussbericht v. 09.04.2008, abrufbar unter http://www.justiz.gv.at/_cms_upload/_docs/AG_OnlineDurchsuchung_Endbericht.pdf (Stand:12.07.2008), [zitiert: *Interministerielle AG*, Schlussbericht].

Karlsruher Kommentar zur Strafprozessordnung und zum Gerichtsverfassungsgesetz mit Einführungsgesetz
hrsg. v. *Pfeiffer, Gerd*, 5. Aufl. 2003, [zitiert: KK-StPO/*Bearbeiter*].

Katko, Peter

Voice-over-IP, Entscheidender Schritt zur Konvergenz oder nur preiswert telefonieren?, in: CR 2005, S. 189 – 193.

Kemper, Martin

Die Beschlagnahmefähigkeit von Daten und E-Mails, in: NStZ 2005, S. 538 – 544.

Kriele, Martin

§ 218 StGB nach dem Urteil des Bundesverfassungsgerichts, in: ZRP 1975, S. 73 – 79.

Kudlich, Hans

Strafprozessuale Probleme des Internet – Rechtliche Probleme der Beweisgewinnung in Computernetzen –, in: JA 2000, S. 227 – 234.

Kugelmann, Dieter

Völkerrechtliche Mindeststandards für die Strafverfolgung im Cyberspace, in: TMR 2002, S. 14 – 23.

Kutscha, Martin

Mehr Schutz von Computerdaten durch ein neues Grundrecht?, in: NJW 2008, S. 1042 – 1044;

Verdeckte „Online-Durchsuchung" und Unverletzlichkeit der Wohnung, in: NJW 2007, S. 1169 – 1172.

Larenz, Karl / Canaris, Claus-Wilhelm

Methodenlehre der Rechtswissenschaft, 3. Aufl., Berlin, Heidelberg, u.a. 1995, [zitiert: *Larenz/Canaris*, Methodenlehre].

Leipold, Klaus

Die Online-Durchsuchung, in: NJW-Spezial 2007, S. 135 – 136.

Lindner, Josef Franz

Grundrechtsschutz im europäischen Mehrebenensystem – eine systematische Einführung – in: Jura 2008, S. 401 – 407.

Lücke, Jörg
Der additive Grundrechtseingriff sowie das Verbot der übermäßigen Gesamtbelastung des Bürgers, in: DVBl. 2001, S. 1469 – 1478.

Löffelmann, Markus / Walther, Alexander / Reitzenstein, Robert (Hrsg.)
Das strafprozessuale Ermittlungsverfahren, Bonn 2007, [zitiert: *Bearbeiter*, Das Strafprozessuale Ermittlungsverfahren].

Malek, Klaus
Strafsachen im Internet, Heidelberg 2005.

Marberth-Kubicki, Annette
Computer- und Internetstrafrecht, München 2005.

Maurer, Hartmut
Staatsrecht I, Grundlagen, Verfassungsorgane, Staatsfunktionen, 5. Aufl., München 2007, [zitiert: *Maurer,* Staatsrecht I].

Meier, Klaus / Wehlau, Andreas
Die zivilrechtliche Haftung für Datenlöschung, Datenverlust und Datenzerstörung, in: NJW 1998, S. 1585 – 1591.

Meininghaus, Florian
Der Zugriff auf E-Mails im strafrechtlichen Ermittlungsverfahren, Hamburg 2007 (zugl. Diss. Passau 2007), [zitiert: *Meininghaus,* Zugriff auf E-Mails].

Michalke, Reinhart
Digitale Daten im Spannungsfeld – Chancen der Verteidigung, in: StraFo 2005, S. 91 – 96.

Möhrenschläger, Manfred
Computerstraftaten und ihre Bekämpfung in der Bundesrepublik Deutschland, in: wistra 1991, S. 312 – 331.

Nachbaur, Andreas
Standortfeststellung und Art. 10 GG - Der Kammerbeschluss des BVerfG zum Einsatz des „IMSI-Catchers“, in: NJW 2007, S. 335 – 337.

Palm, Franz / Roy, Rudolf

Mailboxen: Staatliche Eingriffe und andere rechtliche Aspekte, in: NJW 1996, S. 1791 – 1797.

Pohl, Hartmut

Zur Technik der heimlichen Online-Durchsuchung, in: DuD 2007, S. 684 – 688.

Puschke, Jens / Singelnstein, Tobias

Telekommunikationsüberwachung, Vorratsdatenspeicherung und (sonstige) heimliche Ermittlungsmaßnahmen der StPO nach der Neuregelung zum 1.1.2008, in: NJW 2008, S. 113 – 119.

Rabe von Kühlewein, Malte

Der Richtervorbehalt im Polizei- und Strafprozeßrecht, Frankfurt 2001 (zugl. Diss. 2000), [zitiert: *Rabe von Kühlewein*, Richtervorbehalt].

Reinel, Stefan

Die Auslandskopfüberwachung – Rechtsstaat auf Abwegen?, in: wistra 2006, S. 205 – 210.

Rux, Johannes

Ausforschung privater Rechner durch die Polizei- und Sicherheitsbehörden – Rechtsfragen der „Online-Durchsuchung“, in: JZ 2007, S. 285 – 295.

Sachs, Michael (Hrsg.)

Grundgesetz, Kommentar, 4. Aufl., München 2007, [zitiert: *Bearbeiter*, in: Sachs, GG].

Sachs, Michael / Krings, Thomas

Das neue „Grundrecht auf Gewährleistung der Vertraulichkeit und Integrität informationstechnischer Systeme“, in: JuS 2008, S. 481 – 486.

Sankol, Barry

Überwachung von Internet-Telefonie, in: CR 2008, S. 13 – 18;

Verletzung fremdstaatlicher Souveränität durch ermittlungsbehördliche Zugriffe auf E-Mail-Postfächer, in: K&R 2008, S. 279 – 283.

Schantz, Peter

Verfassungsrechtliche Probleme von »Online-Durchsuchungen«, in: KritV 2007, S. 310 – 330.

Schenke, Ralf P.

Verfassungsrechtliche Probleme einer präventiven Überwachung der Telekommunikation, in: AöR 2000, S. 1 – 44.

Schlegel, Stephan

„Online-Durchsuchung light" – Die Änderung des § 110 StPO durch das Gesetz zur Neuregelung der Telekommunikationsüberwachung, in: HRRS 2008, S. 23 – 30;

Warum die Festplatte keine Wohnung ist – Art. 13 GG und die »Online-Durchsuchung«, in: GA 2007, S. 648 – 663;

„Beschlagnahme" von E-Mail-Verkehr beim Provider, in: HRRS 2007, S. 44 – 51.

Schmidt-Bleibtreu, Bruno / Klein, Franz / Hofmann, Hans / Hopfauf, Axel (Hrsg.)

Grundgesetz, Kommentar, 11. Aufl., Köln / München 2008, [zitiert: *Bearbeiter*, in: *Schmidt-Bleibtreu/Klein,* GG].

Schnabl, Andrea

Strafprozessualer Zugriff auf Computerdaten und die »Cyber-Crime«Konvention, in: Jura 2004, S. 379 – 385.

Schulze-Fielitz, Helmuth

Wirkung und Befolgung verfassungsgerichtlicher Entscheidungen, in: *Badura, Peter / Dreier, Horst* (Hrsg.), Festschrift 50 Jahre Bundesverfassungsgericht, Band 1: Verfassungsgerichtsbarkeit, Tübingen 2001, S. 385 – 420.

Sieber, Ulrich

Stellungnahme zu dem Fragenkatalog des Bundesverfassungsgerichts in dem Verfahren 1 BvR 370/07 zum Thema der Online-Durchsuchungen, abrufbar unter http://www.mpicc.de/shared/data/pdf/bverfg-sieber-1-endg.pdf (Stand: 12.07.2008), [zitiert: *Sieber*, Stellungnahme].

Siebrecht, Michael

Die polizeiliche Datenverarbeitung im Kompetenzstreit zwischen Polizei- und Prozeßrecht, in: JZ 1996, S. 711 – 714.

Spindler, Gerald

IT-Sicherheit und Produkthaftung - Sicherheitslücken, Pflichten der Hersteller und der Softwarenutzer, in: NJW 2004, S. 3145 – 3150.

Statistisches Bundesamt (Hrsg.)

Statistisches Jahrbuch für die Bundesrepublik Deutschland 2007, Kapitel 5 -Informationsgesellschaft-, abrufbar unter http://www.destatis.de (Stand: 12.07.2008).

Warntjen, Maximilian

Heimliche Zwangsmaßnahmen und der Kernbereich der privaten Lebensgestaltung, Baden-Baden 2007, [zitiert: *Warntjen*, Heimliche Zwangsmaßnahmen].

Würtenberger, Thomas

Zur Legitimität des Verfassungsrichterrechts, in: *Guggenberger, Bernd / Würtenberger, Thomas* (Hrsg.), Das Bundesverfassungsgericht im Widerstreit, Baden-Baden 1998, S. 57 – 80, [zitiert: *Würtenberger*, Verfassungsrichterrecht].

Ziekow, Jan

Abweichung von bindenden Verfassungsgerichtsentscheidungen?, in: NVwZ 1995, S. 247 – 250.

Zöller, Mark Alexander

Verdachtslose Recherchen und Ermittlungen im Internet, in: GA 2000, S. 563 – 577.

Abkürzungsverzeichnis

a.A.	anderer Ansicht
a.a.O.	am angegebenen Ort
ABlEU	Amtsblatt der Europäischen Union
AG	Amtsgericht
AöR	Archiv für öffentliches Recht
Art.	Artikel
BB	Betriebs-Berater
Beschl.	Beschluss
BfV	Bundesamt für Verfassungsschutz
BGB	Bürgerliches Gesetzbuch
BGBl.	Bundesgesetzblatt
BGH	Bundesgerichtshof
BKA	Bundeskriminalamt
BSI	Bundesamt für Sicherheit in der Informationstechnik
BSIG	Gesetz über die Errichtung des BSI
bspw.	beispielsweise
BT-Drs.	Bundestags-Drucksache
BVerfG	Bundesverfassungsgericht
BVerfGE	Entscheidungen des BVerfG(Amtliche Sammlung)
BVerfGG	Bundesverfassungsgerichtsgesetz
BVerfSchG	Bundesverfassungsschutzgesetz
BVerwG	Bundesverwaltungsgericht
CR	Computer und Recht
ders.	derselbe
DÖV	Die Öffentliche Verwaltung
DuD	Datenschutz und Datensicherheit
DVBl.	Deutsches Verwaltungsblatt
E	Entwurf
Ebda.	Ebenda
EG / EU	Europäische Gemeinschaft / Europäische Union
EGMR	Europäischer Gerichtshof für Menschenrechte
EMRK	Europäische Menschenrechtskonvention
EuGH	Gerichtshof der Europäischen Gemeinschaften
Fn. / Fußn.	Fußnote
GA	Goltdammer´s Archiv für Strafrecht
GG	Grundgesetz

HRRS	Onlinezeitschrift für Höchstrichterliche Rechtsprechung zum Strafrecht
i.E.	im Ergebnis
i.S.d.	im Sinne des
i.V.m.	in Verbindung mit
JA	Juristische Arbeitsblätter
Jura	Juristische Ausbildung
JuS	Juristische Schulung
JZ	Juristen-Zeitung
K&R	Kommunikation und Recht
Kriminalistik	Unabhängige Zeitschrift für die kriminalistische Wissenschaft und Praxis
KritV	Kritische Vierteljahresschrift für Gesetzgebung und Wissenschaft
LG	Landgericht
LT-Drs.	Landtagsdrucksache
MMR	Multimedia und Recht
m.w.N.	mit weiteren Nachweisen
NJW	Neue Juristische Wochenschrift
NStZ	Neue Zeitschrift für Strafrecht
NVwZ	Neue Zeitschrift für Verwaltungsrecht
OLG	Oberlandesgericht
POG RLP	Polizei- und Ordnungsbehördengesetz Rheinland-Pfalz
RDV	Recht der Datenverarbeitung
Rn.	Randnummer
StGB	Strafgesetzbuch
StPO	Strafprozessordnung
StV	Strafverteidiger
StraFo	Strafverteidiger Forum
TMR	Telekommunikations- & Medienrecht
UrhG	Urheberrechtsgesetz
Urt.	Urteil
v.	vom
VSG NW	Verfassungsschutzgesetz Nordrhein-Westfalen
wistra	Zeitschrift für Wirtschaft, Steuer, Strafrecht
ZRP	Zeitschrift für Rechtspolitik
ZIS	Zeitschrift für Internationale Strafrechtsdogmatik

A. Einleitung

Der Wandel des Sicherheitsrechts vom Recht der punktuellen Gefahrenabwehr hin zu einer flächendeckenden, umfassenden Überwachung zur frühzeitigen Gefahrenerkennung hat dazu geführt, dass der einzelne Bürger auch bei rechtmäßigem Verhalten nicht mehr sicher verhindern kann, Ziel staatlicher Eingriffe zu werden und den Staat auf Distanz zu halten.[1] Den Ermittlungsbehörden steht eine Vielzahl neu gefasster – meist heimlicher – Eingriffsbefugnisse zur Verfügung, zu deren Begründung immer wieder auf die „verschärfte Bedrohungslage“ durch die organisierte Kriminalität und v.a. den internationalen Terrorismus verwiesen wird.[2] Insbesondere die weit fortgeschrittene Verbreitung von Computern zur Speicherung und Verarbeitung von Informationen aller Art und die Nutzung als Kommunikationsmedium in den weltweiten Datennetzen haben zu neuen Begehrlichkeiten der Sicherheits- und Strafverfolgungsbehörden geführt: die Ermöglichung der verdeckten Durchführung von Online-Durchsuchungen zur Auskundschaftung des Datenbestandes von PCs und mobilen Notebooks. Denn im Jahr 2006 waren 63,8 % der deutschen Privathaushalte mit einem stationären Computer, 24,8% mit einem tragbaren (Notebook), sowie 4,9 % mit einem sog. Handheld Computer (PDA) ausgestattet und in insgesamt 84 % der deutschen Unternehmen wurden Computer genutzt.[3] Über einen Internetzugang verfügten insgesamt 61,4 % der Haushalte und 79 % der Unternehmen.[4]

Auf geschäftlich und privat genutzten Rechnern werden heute regelmäßig Steuerdaten (für das elektronische ELSTER-Verfahren), Kontoinformationen, Geschäfts-, Betriebs- und wissenschaftliche Geheimnisse, Gesundheitsdaten, Telekommunikationsnachweise, private und geschäftliche E-Mails bzw. briefliche Korrespondenz, Fotos und Videos, tagebuchartige Aufzeichnungen, etc. gespeichert.[5] Wer diese Daten erlangt und auswertet ist in der Lage, ein umfassendes Persönlichkeitsprofil des von der Maßnahme Betroffenen zu erstellen,[6] denn die Daten erlauben ein immer intensiveres Bild über das Verhalten, die Persönlichkeit und die

1 *Volkmann*, JZ 2006, 918 (919).
2 *Buermeyer*, RDV 2008, 8; *Schantz*, KritV 2007, 310.
3 *Statistisches Bundesamt*, Statistisches Jahrbuch für die Bundesrepublik Deutschland 2007, Kapitel 5, S. 113 u. 117.
4 Ebda.
5 Beispielhafte Aufzählung bei *Hornung*, DuD 2007, 575 (577).
6 *Kutscha*, NJW 2008, 1042 (1043).

Beziehungen des Nutzers.[7] Damit handelt es sich bei der Online-Durchsuchung um eine Maßnahme, die bei den Betroffenen zu einem erheblichen Eingriff in grundrechtlich geschützte Rechte führen kann. Durch die technische Fortentwicklung wird nicht nur die Nützlichkeit der Informations- und Kommunikationstechnik erhöht, sondern es wird auch die Überwachungsinfrastruktur „verbessert".[8] Eine mögliche Folge dieser Entwicklung könnte eine angepasste, gehemmte oder gar unterlassene Nutzung der neuen Technologien sein. Diese Gefahr hat das *Bundesverfassungsgericht* bereits in seinem Volkszählungsurteil von 1983 – also lange vor der massenhaften Verbreitung des Computers und der Internetkommunikation – festgestellt:

> „Wer nicht mit hinreichender Sicherheit überschauen kann, welche ihn betreffenden Informationen in bestimmten Bereichen seiner sozialen Umwelt bekannt sind, [...][9] kann in seiner Freiheit wesentlich gehemmt werden, aus eigener Selbstbestimmung zu planen oder zu entscheiden."[10]

Und bereits unter dem Eindruck der Datenverarbeitungstechnik der damaligen Zeit hat das Gericht gefolgert:

> „[...] Freie Entfaltung der Persönlichkeit setzt unter den modernen Bedingungen der Datenverarbeitung den Schutz des Einzelnen gegen unbegrenzte Erhebung, Speicherung, Verwendung und Weitergabe seiner persönlichen Daten voraus."[11]

Die politische Diskussion über die Online-Durchsuchung ist geprägt von dem die Maßnahme befürwortenden Innenminister Schäuble[12] und der der Maßnahme eher skeptisch gegenüberstehenden Justizministerin Zypries.[13] Die Haltung der Bevölkerung lässt zumindest keine generelle Ablehnung gegen die geplante neue Eingriffsbefugnis erkennen: nach einer Umfrage des ZDF-Politbarometers halten 65 % der Befragten eine Online-Durchsuchung privater Computer für richtig, während 31 % diese Maßnahme ablehnen.[14]

---

7 *Hansen/Pfitzmann/Roßnagel*, Online-Durchsuchung, Teil 2 Abs. 1.

8 Ebda.

9 Kürzungen und Auslassungen in Urteilszitaten erfolgten durch den Verfasser.

10 *BVerfGE* 65, 1 (43) – „Volkszählung".

11 Ebda.

12 Bundesinnenminister *Schäuble* im Handelsblatt Nr. 068 v. 05.04.2007, S. 2.: „Terroristen kommunizieren nicht über Brieftauben."

13 „Brieftauben im Netz", Artikel bei sueddeutsche.de v. 06.09.2007, abrufbar unter http://www.sueddeutsche.de/ computer/artikel/905/131670/ (Stand: 12.07.2008).

14 ZDF-Politbarometer v. 14.09.2007, abrufbar unter http://politbarometer.zdf.de/ZDFde/inhalt/0/0,1872,7004800,00.html?dr=1 (Stand: 12.07.2008).

Letztlich musste sich wieder das *BVerfG* mit der Ermöglichung eines weiteren grundrechtsrelevanten Eingriffs des Staates in die Rechte der Bürger befassen. In Fortentwicklung seiner Rechtsprechung zum allgemeinen Persönlichkeitsrecht hat das *BVerfG* die heimliche Infiltration von informationstechnischen Systemen nicht grundsätzlich untersagt, jedoch notwendige Anforderungen an die Ausgestaltung der Maßnahme gestellt und zudem das Grundrecht auf Gewährleistung der Vertraulichkeit und Integrität informationstechnischer Systeme entwickelt.[15] Dieses Grundrecht soll vor Eingriffen in informationstechnische Systeme schützen, sofern ein entsprechender Schutz vor Beeinträchtigungen – insbesondere durch die Online-Durchsuchung – nicht bereits durch andere Grundrechte gewährt wird.[16]

Die vorliegende Arbeit will keine bloße Nacherzählung des Urteils sein, sondern die maßgeblichen Kernaussagen darstellen und diverse – nach Meinung des Verfassers – offen gebliebene Fragen und Folgeprobleme aufzeigen und diskutieren.

---

15 *BVerfG*, Urt. v. 27.02.2008 – 1 BvR 370/07, Leitsätze 1 und 2. Im Folgenden wird bei der Zitierung dieses Urteils auf die Leitsätze und Absatz-Nrn. Bezug genommen, wie sie in der auf der Homepage des BVerfG abrufbaren Fassung des Urteils enthalten sind, abrufbar unter http://www.bverfg.de/entscheidungen/rs20080227_1bvr037007.html (Stand: 12.07.2008).

16 *BVerfG* (o. Fußn. 15), Absatz-Nr. 167.

B. Definitionen, Historie und Technik

I. Begriffliche Abgrenzungen

Im Folgenden soll ein Überblick über die im Zusammenhang mit der Diskussion der Online-Durchsuchung – nicht durchgängig kongruent – verwendeten Begriffe und damit bezeichnete Maßnahmen gegeben werden.

1. Informationstechnisches System

Unter informationstechnischen Systemen versteht das *BVerfG* Personalcomputer[17], aber auch Telekommunikationsgeräte und elektronische Geräte, die in Wohnungen oder Kraftfahrzeugen enthalten sind.[18] Ebenfalls dazu zählen sollen mobile informationstechnische Systeme wie Laptops, Personal Digital Assistants (PDAs) und Mobiltelefone[19], jedoch nur solche, die über einen großen Funktionsumfang verfügen und personenbezogene Daten vielfältiger Art erfassen und speichern können.[20]

Um den sachlichen Schutzbereich des neuen Grundrechts auf Gewährleistung der Vertraulichkeit und Integrität informationstechnischer Systeme zu eröffnen sei es jedoch erforderlich, dass das System nicht lediglich personenbezogene Daten mit punktuellem Bezug zu einem bestimmten Lebensbereich des Betroffenen erzeugen, verarbeiten oder speichern kann.[21] Erfasst werden sollen vielmehr nur solche Systeme, die allein oder durch die entsprechende Vernetzung personenbezogene Daten in einem solchen Umfang enthalten können, dass bei einem Zugriff ein Einblick in wesentliche Teile der Lebensgestaltung einer Person oder ein umfassendes Persönlichkeitsbild möglich wird; geschäftlich genutzte Systeme eingeschlossen.[22]

---

17 *BVerfG* (o. Fußn. 15), Absatz-Nr. 172.
18 *BVerfG* (o. Fußn. 15), Absatz-Nr. 173.
19 *BVerfG* (o. Fußn. 15), Absatz-Nr. 194.
20 *BVerfG* (o. Fußn. 15), Absatz-Nr. 203.
21 *BVerfG* (o. Fußn. 15), Absatz-Nr. 202.
22 *BVerfG* (o. Fußn. 15), Absatz-Nr. 203.

2. *Heimlicher Zugriff auf informationstechnische Systeme („Online-Durchsuchung")*

Eine Online-Durchsuchung, also ein heimlicher Zugriff auf ein informationstechnisches System, stellt nach dem vom *BVerfG* zu Grunde gelegten Verständnis eine technische Infiltration dar, die es – unter Ausnutzung von bestehenden Sicherheitslücken des Zielsystems oder nach Installation eines Spähprogramms – ermöglicht, die Nutzung zu überwachen, die Speichermedien durchzusehen oder das Zielsystem fernzusteuern.[23]

Eine detaillierte Darstellung der technischen Vorgänge bei der Online-Durchsuchung folgt unten (siehe II.1).

3. *Heimliche Aufklärung des Internet („Online-Überwachung")*

Unter dem heimlichen Aufklären des Internet versteht das *BVerfG* Maßnahmen, mit denen die Sicherheitsbehörden die Internetkommunikation überwachen und die Inhalte auf dem technisch dafür vorgesehenen Weg zur Kenntnis nehmen.[24] Dabei suchen die Ermittler in Registern und Suchmaschinen nach „Reizwörtern" und schalten sich in die Konversation in Diskussionsforen und Chatrooms ein.[25] Für präventive Aufklärungszwecke wurde 1999 beim BKA die Zentralstelle für anlassunabhängige Recherchen in Datennetzen (ZaRD) eingerichtet.[26]

Der Einsatz sog. „Polizeistreifen im Internet" bedarf dabei keiner besonderen Ermächtigungsgrundlage.[27] Bei im WWW, Chat-Rooms oder Newsgroups offen angebotenen Inhalten handelt es sich um allgemein zugängliche Informationen, bezüglich derer der Anbieter sich nach der Natur des Internets mit Zugriffen durch Dritte einverstanden erklärt hat, so dass ein Grundrechtseingriff auf Grund der Einwilligung des Grundrechtsträgers ausscheidet.[28] Denn die staatliche Wahrnehmung von Inhalten der Telekommunikation sei nur dann an Art. 10 Abs. 1 GG zu messen, wenn der Staat den Telekommunikationsvorgang von außen überwacht,

---

23 *BVerfG* (o. Fußn. 15), Absatz-Nr. 5.

24 *BVerfG* (o. Fußn. 15), Absatz-Nr. 4.

25 *Marberth-Kubicki*, Computer- und Internetstrafrecht, Rn. 268.

26 Siehe dazu http://www.bka.de/profil/zentralstellen/zard.html (Stand: 12.07.2008).

27 *Löffelmann*, Das strafprozessuale Ermittlungsverfahren, Teil C. Rn. 37; *Marberth-Kubicki*, Computer- und Internetstrafrecht, Rn. 274.

28 *Zöller*, GA 2000, 563 (569).

ohne selbst Kommunikationsadressat zu sein.[29] Anders liegt dies dagegen bei zugangsgeschützten Inhalten, die der Anbieter durch besondere Maßnahmen, wie z.B. Verschlüsselung oder Passwortschutz erkennbar nur einem geschlossenen Benutzerkreis zur Verfügung stellt: hier soll eine spezielle Ermächtigungsgrundlage, je nach dem Schwerpunkt der Ermittlungen aus dem präventiven Gefahrenabwehrrecht oder dem repressiven Strafverfolgungsrecht, erforderlich sein.[30] Wenn der Staat Zugangsschlüssel wie ein mittels „Keylogging" (siehe dazu II.1.c))erhobenes Passwort nutzt, um Zugang zu einem E-Mail-Account oder einem geschlossenen Chat zu erlangen, liegt ein Eingriff in Art. 10 Abs. 1 GG vor.[31]

4. *Quellen-Telekommunikationsüberwachung („Quell-TKÜ")*

Ein informationstechnisches System kann auch als Endgerät zum Einsatz für Telekommunikation via VoIP (Voice over Internet Protocol) genutzt werden. Unter einer Quell-TKÜ versteht das *BVerfG* daher den Vorgang, dass ein informationstechnisches System zum Zweck der *Telekommunikationsüberwachung* technisch infiltriert wird.[32] Die Sprachdaten werden dann vor der Verschlüsselung – quasi an der Quelle – aufgezeichnet und an die Ermittlungsbehörden geleitet.[33] Damit sei die entscheidende Hürde genommen, das gesamte System auszuspähen, so dass die dadurch bedingte Gefährdung weit über die hinaus gehe, die mit einer bloßen Überwachung der laufenden Kommunikation verbunden sei.[34] Zu den Rechtsfragen der Quell-TKÜ siehe unten D.

5. *Exkurs: Überwachung des E-Mail-Verkehrs*

Im Zusammenhang mit Online-Durchsuchung und Online-Überwachung wird häufig die Überwachung von E-Mails angesprochen. Dabei handelt es sich jedoch um ein technisch und rechtlich anders strukturiertes Problem, auf das an dieser Stelle zur Klarstellung im Wege eines Exkurses eingegangen werden soll.

---

29 *BVerfG* (o. Fußn. 15), Absatz-Nr. 290.
30 *Zöller*, GA 2000, 563 (570); *Marberth-Kubicki*, Computer- und Internetstrafrecht, Rn. 275.
31 *BVerfG* (o. Fußn. 15), Absatz-Nr. 292.
32 *BVerfG* (o. Fußn. 15), Absatz-Nr. 188.
33 *Sankol*, CR 2008, 13.
34 *BVerfG* (o. Fußn. 15), Absatz-Nr. 188.

a) Technischer Überblick über die E-Mail-Kommunikation

Beim E-Mail-Verkehr können *drei Phasen* der Kommunikation unterschieden werden: in der *ersten Phase* wird die Nachricht vom Versender zum E-Mail-Provider übermittelt, wo sie in *Phase zwei* auf dessen Servern „ruht", um dann in einer *dritten Phase* von diesen auf den Rechner des Empfängers übertragen zu werden.[35] Es ist jedoch möglich, den Inhalt der E-Mails zur Kenntnis zu nehmen, ohne diese notwendig dauerhaft auf das Rechner-System des Empfängers zu übertragen. So werden bei der Nutzung sog. Webmail-Angebote (wie z.B. GMX, Google Mail, Hotmail, Web.de, etc.) die Nachrichten nicht endgültig vom Server abgerufen, sondern können mittels einer grafischen Benutzeroberfläche des E-Mail-Anbieters von jedem beliebigen Rechner mit Internet-Anschluss aus gelesen und verwaltet werden.[36] Und auch nach Kenntnisnahme können die E-Mails weiterhin auf den Servern des Providers verbleiben und dort zeitlich unbegrenzt gespeichert werden.[37]

Eine *vierte Phase* soll für den Fall angenommen werden, dass sich die E-Mails auch nach dem Abruf durch den Empfänger noch auf dem Server des Providers befinden.[38] Jedoch ist diese Annahme unter Berücksichtigung der Rechtsprechung des *BVerfG* zur Reichweite des Fernmeldegeheimnisses unnötig und auch der *BGH* hatte bei der Entscheidung über die strafprozessuale Online-Durchsuchung klargestellt, dass eine offen ausgeführte Wohnungsdurchsuchung und Beschlagnahme des Computers mit anschließender Durchsuchung der Speichermedien zur Auswertung der E-Mails gemäß §§ 98 ff., 102, 110 StPO möglich sei.[39]

b) Rechtliche Einordnung der E-Mail-Überwachung

Während die Phasen eins und zwei unstreitig Kommunikationsvorgänge darstellen und so dem Schutzbereich des Art. 10 Abs. 1 GG unterliegen[40], bereitet die rechtliche Einordnung des Zugriffs auf die E-Mails, die in der zweiten Phase auf den Servern des E-Mail-Providers ruhen bzw. nach der Kenntnisnahme durch den Empfänger dort verbleiben, erhebliche Schwierigkeiten. Die 3. Kammer des zweiten Senats des *BVerfG* hat in dieser Frage in einer einstweiligen Anordnung die Durchsicht beschlagnahmter E-Mails untersagt, die auf dem Account des Betroffenen bei

35 *Palm/Roy*, NJW 1996, 1791 (1793).

36 *Meininghaus*, Zugriff auf E-Mails, S. 11.

37 *Schlegel*, HRRS 2007, 44 (46); *Michalke*, StraFo 2005, 91.

38 *Bär*, Hdb. EDV-Beweissicherung, Rn. 102.

39 *BGH*, Beschl. v. 31.01.2007 – StB 18/06, NJW 2007, 930 (932).

40 *BGH* NStZ 1997, 247 (248); *Malek*, Strafsachen im Internet, Rn. 372; *Bär*, Hdb. EDV-Beweissicherung, Rn. 103 m.w.N; *Michalke*, StraFo 2005, 91.

seinem E-Mail-Provider beschlagnahmt worden waren.[41] Es sei nicht vollständig geklärt, ob in den Schutzbereich des Art. 10 Abs. 1 GG eingegriffen werde, wenn die Ermittlungsbehörden die auf dem Server eines Kommunikationsunternehmens oder Serviceproviders gespeicherten E-Mails eines Kommunikationsteilnehmers kopierten und die so erlangten Daten auswerteten.[42] Weiter müsse entschieden werden, wie die Maßstäbe des dieser Entscheidung vorangehenden Urteils des Senats[43] zur Abgrenzung des Schutzbereichs des Art. 10 Abs. 1 GG auf die vorliegende Fallkonstellation anzuwenden seien.[44]

In dem in Bezug genommenen Urteil hatte das Gericht ausgeführt, dass der Schutzbereich des Fernmeldegeheimnisses sowohl den Inhalt als auch die näheren Umstände der Kommunikation umfasse, außerhalb des laufenden Kommunikationsvorgangs die im Herrschaftsbereich des Kommunikationsteilnehmers gespeicherten Inhalte und Umstände der Kommunikation jedoch nicht durch Art. 10 Abs. 1 GG, sondern durch das Recht auf informationelle Selbstbestimmung und gegebenenfalls durch Art. 13 Abs. 1 GG geschützt würden.[45]

Mit dem „Gesetz zur Neuregelung der Telekommunikationsüberwachung und anderer verdeckter Ermittlungsmaßnahmen sowie zur Umsetzung der Richtlinie 2006/24/EG“[46], das am 01.01.2008 in Kraft getreten ist[47], wurde in die Strafprozessordnung u.a. § 110 Abs. 3 StPO neu eingefügt. Danach ist bei der Durchsicht eines elektronischen Speichermediums (z.B. der Festplatte im Computer des Betroffenen) auch eine Durchsicht der von dem unmittelbar durchsuchten Computer räumlich getrennten Speichermedien möglich, wenn darauf von dem durchsuchten Speichermedium aus zugegriffen werden kann und sonst der Verlust der Daten zu befürchten ist, die daher auch gespeichert werden dürfen. Dass diese Norm künftig für den Zugriff der Strafverfolgungsbehörden auf die beim E-Mail-Provider gespeicherten E-Mails – und damit für eine Online-Durchsuchung – nutzbar gemacht wird, ist abzulehnen. Dafür spricht die Annahme, dass aus technischer Sicht der eigentliche Kommunikationsvorgang der „ruhenden“ E-Mails zwar unterbrochen ist, die Daten der Telekommunikation selbst aber weiterhin dem Schutz des Art. 10

41 *BVerfG*, Entscheidung v. 29.06.2006 – 2 BvR 902/06, MMR 2007, 169.

42 *BVerfG* a.a.O., S. 170.

43 Bezug genommen wird auf *BVerfG*, Urt. v. 02.03. 2006 – 2 BvR 2099/04, NJW 2006, 976.

44 *BVerfG* MMR 2007, 169 (170).

45 *BVerfG* NJW 2006, 976 (978).

46 BT-Drs. 16/5846.

47 BGBl. I 2007, S. 3198 ff.

Abs. 1 GG unterliegen.[48] Nicht überzeugend ist der Ansatz, dabei zwischen bereits abgerufenen aber noch nicht gelöschten E-Mails und solchen, die noch abzurufen sind zu differenzieren und den Kommunikationsvorgang bei den abgerufenen für abgeschlossen zu erklären mit der Folge, dass der Schutzbereich des Art. 10 GG nicht mehr eröffnet ist.[49] Denn zum einen würde sich hier der Grundrechtsschutz nach dem vom Betroffenen bestimmten Zweck der Zwischenspeicherung bestimmen, der jedoch die Zweckbestimmung regelmäßig nicht nach außen kundtun wird. Und zum anderen lässt die Ansicht die Frage offen, wer im Falle des beabsichtigten Zugriffs die Trennung zwischen bereits abgerufenen und nicht abgerufenen E-Mails vornehmen sollte.[50]

Der Gesetzgeber hat zudem mit dem § 110 Abs. 3 StPO ausdrücklich nicht die Einführung einer heimlichen Online-Durchsuchung beabsichtigt.[51] Als eine solche heimliche Maßnahme würde sich die Anwendung des § 110 Abs. 3 StPO allerdings aus der Sicht eines mitbetroffenen Dritten darstellen[52], bspw. demjenigen, in dessen Gewahrsam die online zugänglichen Daten gespeichert sind.[53] Ein solcher Dritter wäre dann auch der E-Mail-Provider, auf dessen Server die E-Mails gespeichert sind. Mithin ist der Zugriff auf die beim Provider gespeicherten E-Mails de lege lata nur durch eine offene Beschlagnahme gemäß § 94 StPO bzw. Herausgabe gemäß § 95 StPO oder, sofern der Zustand als Telekommunikation zu werten ist, gemäß § 100a StPO durchzuführen.[54] Nur so kann sich auch der E-Mail-Provider gegen technisch unmögliche oder rechtswidrige Anordnungen zur Wehr setzen und Rechtsschutz in Anspruch nehmen[55], wobei indes umstritten ist, ob bzw. in welchem Umfang dazu die Beschwerdebefugnis gegeben ist.[56]

Im Ergebnis bleibt auch hier weiter eine klärende Entscheidung des *BVerfG* abzuwarten, da bei einer Bewertung der Maßnahme als Eingriff in Art. 10 Abs. 1 GG

48 *Bär*, Strafrecht in der digitalen Welt, S. 10; *Malek*, Strafsachen im Internet, Rn. 372; *Schlegel*, HRRS 2008, 23 (29), der seinen Beitrag passend mit „Online-Durchsuchung light" überschrieben hat; *Michalke*, StraFo 2005, 91 (92).

49 *Kemper*, NStZ 2005, 538 (543); *Kudlich*, JA 2000, 227 (233).

50 *Schlegel*, HRRS 2007, 44 (49).

51 So ausdrücklich die Begründung des Gesetzentwurfs, BT-Drs. 16/5846, S. 64.

52 *Puscke/Singelnstein*, NJW 2008, 113 (115).

53 BT-Drs. 16/5846, S. 64.

54 *Schlegel*, HRRS 2008, 23 (29).

55 So im Ergebnis auch *Puscke/Singelnstein*, NJW 2008, 113 (115).

56 Beschwerdebefugnis bejaht *LG Kaiserslautern*, MMR 2004, 702 (703). Auf die technischen Modalitäten beschränkte Beschwerdebefugnis bejaht *BGH Ermittlungsrichter*, NStZ 2002, 272 (273); KK-StPO/*Nack*, § 100b Rn. 14. Beschwerdebefugnis verneint *LG Koblenz*, NStZ 2003, 330; *BGH Ermittlungsrichter*, MMR 1999, 99 (100).

der entsprechende verfahrensrechtliche Grundrechtsschutz bei der Erhebung der Daten einzuhalten ist. Jedoch könnte mit der Einführung des Grundrechts auf Vertraulichkeit und Integrität informationstechnischer Systeme ein weiterer Aspekt für die rechtliche Ausgestaltung der E-Mail-Überwachung zu beachten sein. Da das neue Grundrecht gegenüber den Art. 10, 13 GG und dem Recht auf informationelle Selbstbestimmung aus Art. 2 Abs. 1 i.V.m. Art. 1 Abs. 1 GG subsidiär ist[57], stellt sich die Frage, ob und inwiefern es Auswirkungen auf die *offen* durchgeführte Durchsuchung und Beschlagnahme von E-Mails bei Empfänger und Provider hat, sofern der Schutzbereich von Art. 10 und 13 GG nicht eröffnet ist.

II. Technische Grundlagen

1. Technische Realisierung der Online-Durchsuchung

Die Durchführung der Online-Durchsuchung erfordert eine Analyse des zu durchsuchenden Systems, die Installation der Durchsuchungssoftware und die eigentliche Durchführung der Maßnahme. Damit unterscheidet sie sich kaum vom Vorgehensmodell eines „professionellen" Einbruchs in einen Computer durch einen „Hacker", der nach den folgenden fünf Phasen abläuft:[58]

- Auskundschaften
- Abtasten
- Angreifen
- Festsetzen
- Tarnen.

Die Analyse des Zielsystems ist Voraussetzung für die erfolgreiche, individuelle Ausgestaltung der Durchsuchungssoftware.[59] Sie kann online, durch Observation und sonstige, herkömmliche Ermittlungsmethoden erfolgen.[60] Aber auch durch sog. „social engineering", also geschicktes soziales Verhalten wie Anrufe unter Vorwand, fingierte E-Mails, etc., soll der PC der Zielperson identifiziert bzw. die Zielperson zur Preisgabe von Informationen bewegt werden.[61] Die Durchführung der Maßnahme bestimmt sich nach deren Zielen: so kann der Speicher des Zielsystems

57 *BVerfG* (o. Fußn. 15), Absatz-Nr. 167.
58 *Carus*, Ethical Hacking, S. 78.
59 *Fox*, DuD 2007, 827 (828).
60 *Fox*, Stellungnahme, S. 5.
61 *Böckenförde*, Ermittlung im Netz, S. 213.

ebenso durchsucht, wie dessen Nutzung (bspw. welche Web-Sites aufgerufen werden) protokolliert werden.

Im Folgenden werden die in der Diskussion befindlichen Methoden zur Infiltration eines informationstechnischen Systems dargestellt.

a) Exploits

(1) „Zero-Day-Exploits“

Anwendungssoftware (Betriebssysteme, Bürosoftware, etc.) enthält häufig sicherheitsrelevante Schwachstellen, die ein Eindringen in das System ermöglichen, ohne dass die gängigen Abwehrmechanismen (Firewall, Virensuchprogramme, Zugriffs- und Zugangskontrolle zu den Rechnern) greifen würden.[62] Nach Entdeckung einer solchen Sicherheitslücke veröffentlicht der Hersteller regelmäßig eine entsprechende Fehlerkorrektur (genannt „Fix“, „Patch“ oder einfach Update). Die Herstellerunternehmen, aber auch Behörden wie bspw. das *Bundesamt für Sicherheit in der Informationstechnologie*, veröffentlichen entsprechende Warnungen und weisen auf die möglichen Gefahren sowie die gegebenenfalls bereitgestellten Gegenmaßnahmen hin.[63] Unter Zero-Day-Exploits versteht man Angriffsprogramme, die die bereits veröffentlichten Sicherheitslücken ausnutzen, so dass der Angriff nur bei den Systemen erfolgreich sein kann, die die Gegenmaßnahmen noch nicht installiert haben (sog. „ungepatchte“ IT-Systeme); daher erfolgt der Angriff häufig noch am Tag der Veröffentlichung der Warnung bzw. Gegenmaßnahme (dem „Zero Day“), um erfolgreich zu sein.[64] Zur Erstellung geeigneter Exploits existieren sogar freie Open-Source-Projekte wie das Metasploit-Projekt, das mit dem Metasploit Framework ein Werkzeug zur Entwicklung von Exploits im Internet bereitstellt.[65] Zero-Day-Exploits sollen zur Online-Durchsuchung angeblich nicht eingesetzt werden, da das Risiko zu groß sei, dass während der Laufzeit der Online-Durchsuchung eine entsprechende Gegenmaßnahme auf dem betroffenen System installiert wird.[66]

---

62 *Pohl*, DuD 2007, 684 (685).

63 *Hansen/Pfitzmann/Roßnagel*, Online-Durchsuchung, Teil 1, Abs. 2.1.

64 *Pohl*, DuD 2007, 684 (685).

65 http://de.wikipedia.org/wiki/Metasploit (Stand: 12.07.2008).

66 *Pohl*, DuD 2007, 684 (685).

(2) “Less-Than-Zero-Day-Exploits”

So bezeichnet man Angriffsprogramme, die Sicherheitslücken in IT-Systemen ausnutzen, die den Herstellern noch nicht bekannt und damit auch nicht veröffentlicht sind.[67] Da dann – noch – keine Abwehrmaßnahmen existieren, sind diese Angriffe erfolgversprechend, bergen jedoch ähnlich wie „Zero-Day-Exploits“ das Risiko, dass die Lücke während der laufenden Online-Durchsuchung bekannt und geschlossen wird.

(3) „Bundes-Backdoor“

Im Zusammenhang mit dem Zugriff über Sicherheitslücken wurde auch diskutiert, die Softwareanbieter zu verpflichten, in die Betriebssysteme – geplante – Schnittstellen („Bundes-Backdoor“) einzufügen, über die Ermittlungsbehörden verdeckten Zugriff auf das Computersystem nehmen könnten.[68]

Diese Methode hat jedoch wenig Aussicht auf Erfolg: zunächst müsste lange Zeit abgewartet werden, bis flächendeckend neue Betriebssysteme auf dem Markt wären. Weiter besteht eine unwägbare Gefahr, dass Dritte die „Bundes-Backdoor“ missbräuchlich ausnutzen. Dies könnte unter Umständen zu Schadensersatzansprüchen aus Staatshaftung führen. Daneben ist unklar, wie bspw. im Ausland ansässige Softwarefirmen dazu verpflichtet werden könnten, ihrer Software in Deutschland entsprechende Schnittstellen zu implementieren.[69] Auch gibt es Open-Source-Betriebssysteme, wie bspw. UNIX[70], die nicht kommerziell entwickelt und vertrieben werden und zur freien Verwendung zur Verfügung bereitgestellt werden.

Eine kleine Anfrage der *FDP-Bundestagsfraktion*[71], ob Absprachen mit den Softwareherstellern angestrebt würden mit dem Ziel, den Ermittlungsbehörden Zugriff über gezielt offengelassene Sicherheitslücken in die Softwarearchitektur zu ermöglichen, verneinte die *Bundesregierung*.[72]

---

67 Ebda.

68 *Buermeyer*, HRRS 2007, 154 (163); darüber hinaus gehend *Sieber*, Stellungnahme, S. 12, der als Möglichkeit aufzeigt, dass die Softwarefirmen den Zielpersonen entsprechende Programmupdates über die „Backdoor“ zusenden könnten.

69 *Buermeyer*, ebda.

70 http://www.unix.org/ (Stand: 12.07.2008).

71 BT-Drs. 16/4795 v. 21.03.2007, S. 2.

72 BT-Drs. 16/4997 v. 10.04.2007, S. 2.

(4) Exkurs: Die Rolle des BSI

Schwierig im Zusammenhang mit der Diskussion der Exploit-Angriffe ist die Rolle des *BSI*. Die Behörde soll Polizei, Strafverfolgungs- und Verfassungsschutzbehörden bei ihrer Arbeit unterstützen, § 3 Abs. 1 Nrn. 6 a) und b) BSIG. Daneben sollen aber auch Hersteller, Vertreiber und Anwender „unter Berücksichtigung der möglichen Folgen fehlender oder unzureichender Sicherheitsvorkehrungen" beraten werden, § 3 Abs. 1 Nr. 7 BSIG. Es ergäbe sich die bizarre Situation, dass eine Bundesbehörde auf der einen Seite mögliche Schwachstellen in IT-Systemen den Polizei- und Strafverfolgungsbehörden mitteilen müsste, damit diese einen möglichen Zugang ausnutzen könnten. Daneben soll die gleiche Behörde aber eigentlich auch die Anwender vor der Gefahr warnen – dies kann zu einem grundsätzlichen Vertrauensverlust in die staatliche Gewährleistung sicherer IT-Infrastruktur führen.[73] Die *Bundesregierung* hat hierzu ebenfalls in ihrer Antwort auf die parlamentarische Anfrage am 10.04.2007 – also vor der Entscheidung des *BVerfG* – das Bestehen eines entsprechenden Auftrags des *BSI* zur Entwicklung von technischen Möglichkeiten zur Online-Durchsuchung verneint[74].

Das schließt zwar zunächst die aktive Mithilfe des *BSI* bei der Nutzbarmachung von Schwachstellen zu Gunsten der Sicherheitsbehörden aus. Es bleibt aber Raum für Zweifel, ob Meldungen über erkannte Sicherheitslücken weiterhin umgehend und vollständig an die Öffentlichkeit herausgegeben werden.

b) „Trojanisches Pferd" / „Trojaner"[75]

Unter dieser Bezeichnung sind Programme zu verstehen, die neben ihrer eigentlichen, offen erkennbaren Funktion auch noch weitere, verdeckte und meist dem Anwender unerwünschte Funktionen durchführen können[76], also möglicherweise

---

73 *Hornung*, DuD 2007, 575 (580).

74 BT-Drs. 16/4997, S. 3.

75 Die Bezeichnung „Trojaner" wird in der Literatur zwar überwiegend verwendet, ist jedoch nicht ganz korrekt. Nach dem Epos von *Homer* (Odyssee, 8. Gesang, Verse 493-519, abrufbar bei http://gutenberg.spiegel.de/?id=5&xid=1270&kapitel=22&cHash=eb613776112#gbfound (Stand: 12.07.2008)) wendeten die Griechen zur Eroberung der Stadt Troja eine als „Trojanisches Pferd" bekannt gewordene List an: um unbemerkt in die Stadt zu gelangen wurde ein hölzernes Pferd gebaut, in dem sich bewaffnete Männer verbargen. Das Pferd wurde von den Trojanern selber in ihre Burg verbracht, in der dann die Griechen aus dem Versteck hervorkamen und die Festung einnahmen.

76 *Buermeyer*, HRRS 2007, 154 (155).

auch die Software zur Durchführung der Online-Durchsuchung. Die Übertragung ist bspw. als Dateianhang zu einer E-Mail möglich.[77]

c) „Sniffer" / „Keylogger"

Darunter werden Programme verstanden, die jede Tastatureingabe des Nutzers erfassen und weitergeben. Dadurch können u.a. Zugangsdaten, wie z.B. Benutzernamen und Passwörter, erfasst werden.[78]

d) "Man-in-the-middle"-Angriff

Bei einem solchen Angriff schaltet sich der Täter in die Kommunikation zwischen zwei Internetnutzern so ein, dass er diese manipulieren kann, indem die abgefangenen Daten manipuliert und erst dann an den Empfänger weitergeleitet werden.[79] Man unterscheidet dabei zwischen dem *passiven* Angriff, bei dem die Daten zunächst ausgespäht und zu einem späteren Zeitpunkt durch manipulierte ersetzt werden und dem *aktiven* Angriff, bei dem die Daten nahezu zeitgleich verändert und an den Empfänger weitergeleitet werden.[80] Denkbar ist hier, im Rahmen eines vom Betroffenen durchgeführten Updates (bspw. des Virenscanners oder des Betriebssystems) eine entsprechende Software zur Durchführung der Online-Durchsuchung anzuhängen und so das auszuspähende System zu infiltrieren. Die Zwischenschaltung der Ermittlungsbehörden könnte über die Infrastruktur der Access-Provider erfolgen, denn bereits jetzt sind die Provider gemäß § 8 TKÜV[81] i.V.m. Nrn. 5 ff. TR TKÜ[82] dazu verpflichtet, standardisierte Schnittstellen zur Ausleitung von Daten der Telekommunikationsüberwachung bereitzustellen.

---

77 *Leipold*, NJW-Spezial 2007, 135.

78 *Borges*, NJW 2005, 3313 (3314); *Buermeyer*, HRRS 2007, 154 (157).

79 *Borges*, ebda.

80 Ebda.

81 Verordnung über die technische und organisatorische Umsetzung von Maßnahmen zur Überwachung der Telekommunikation v. 03.11.2005, BGBl. I, S. 3136.

82 Technische Richtlinie zur Umsetzung gesetzlicher Maßnahmen zur Überwachung der Telekommunikation, Ausgabe 5.1, Februar 2008, abrufbar unter http://www.bundesnetzagentur.de/media/ archive/12804.pdf (Stand: 12.07.2008).

e) Manuelle Installation durch die Zielperson

Denkbar ist auch die – unbewusste – manuelle Installation der Angriffssoftware durch die Zielperson der Maßnahme selbst. Dieser wird ein Datenträger (CD/DVD/USB-Stick) mit der entsprechenden Software unter einem Vorwand, bspw. im Rahmen einer vorgetäuschten Werbeaktion mit einer Probeversion einer Software, zugespielt. Bei der Installation der Software wird dann auch unbemerkt die Angriffssoftware installiert.

f) Manuelle Installation durch Mitarbeiter der Ermittlungsbehörden

Eine solche manuelle Installation ist auch derart denkbar, dass Mitarbeiter der Ermittlungsbehörden in die Räumlichkeiten eindringen, in denen sich der zu überwachende PC befindet und dort die Angriffssoftware manuell installieren.

Welche Methode gegebenenfalls bereits Anwendung fand und welche derzeit von den Behörden vorbereitet wird, bleibt indes mangels entsprechend verlässlicher Quellen offen.

2. *Technische Grenzen der Online-Durchsuchung*

Die Online-Durchsuchung stellt gewisse technische Anforderungen an das infiltrierte System: der Erfolg der Maßnahme kann bereits durch simples Abschalten des Geräts gestört werden, ebenso bei Beendigung der Internetverbindung. Weitere relevante Faktoren sind u.a. die Verbindungspolitik des Zielsystems, der Leistungsumfang der zur Verfügung stehenden Bandbreite der Anbindung an das Internet, der Ausstattungsstand des Zielsystems (Prozessor, Festplatte, Betriebssystem) und nicht zuletzt die Datenorganisation auf dem Zielsystem (z.B. nicht selbsterklärende Dateinamen, etc.).[83]

Bei den Angriffsmitteln, die per Dateianhang in einer E-Mail oder mittels zugespielter Datenträger auf das Zielsystem gelangen sollen, ist regelmäßig eine „Mitwirkungshandlung" des betroffenen Nutzers erforderlich: der bloße Empfang bspw. einer präparierten E-Mail führt noch nicht zur Installation der entsprechenden Durchsuchungssoftware; erforderlich ist das Öffnen des Dateianhangs durch eine aktive Handlung (z.B. „Doppelklick" der Maus) des Nutzers.[84] Vergleichbares gilt für die zugespielten Datenträger. Hier ist der Erfolg der Maßnahme vom Handeln

83 *Pohl*, DuD 2007, 684 (686).

84 *Buermeyer*, HRRS 2007, 154 (156).

der Zielperson abhängig: unterlässt diese die erforderliche – unbewusste – Mitwirkungshandlung, scheitert die Infiltration des Systems.

3. Abwehr- und Schutzmaßnahmen gegen die Online-Durchsuchung

Zur Abwehr oder zumindest Erschwerung einer möglichen Online-Durchsuchung gibt es verschiedene Methoden.

Durch die Verschlüsselung der Dateien und Dateinamen wird die Online-Durchsuchung erschwert, weil zunächst die Entschlüsselung auf dem Zielsystem abgewartet werden muss oder mittels eines Keyloggers (siehe oben B.II.1.c)) das Passwort ermittelt werden muss.[85]

Die Inhalte der von einem PC übertragenen Daten lassen sich mit entsprechenden Programmen protokollieren, so dass bei Auswertung der Protokolle unerwünschte Übertragungen erkannt werden können.[86] Firewalls[87] könnten die Ausleitung der Daten durch die Überwachungssoftware verhindern, Virenscanner die Angriffssoftware als Schädling aufspüren und entsprechend ausschalten und so den Erfolg der Online-Durchsuchung verhindern.[88]

Nach Auskunft der *Bundesregierung* kommt eine entsprechende Zusammenarbeit mit den Herstellern von Antivirenprogrammen, um die Software der Online-Durchsuchung von der Detektion auszuschließen, nicht in Betracht.[89] Einen absoluten Schutz gegen eine heimliche Online-Durchsuchung bieten sog. Stand-Alone-Systeme, d.h. Systeme, die über keinerlei physische Verbindung zu Kommunikationsnetzen (Internet, Intranet) verfügen.[90]

Darüber hinaus können Spezialisten auch auf – teilweise frei verfügbare – sog. Anti-Forensik- und Anti-Detection-Werkzeuge zurückgreifen, um die Online-Durchsuchung zu verhindern oder zu erschweren. Dabei haben Anti-Forensik-Werkzeuge das Ziel, Datensicherstellungen zu be- oder verhindern, indem für die Aufklärung relevante Daten gelöscht bzw. verändert werden oder die Ermittlungsbehörden abgelenkt oder aufgehalten werden.[91] Durch Anti-Detection-Werkzeuge soll die Zielperson von vornherein unbemerkt bleiben, indem z.B. mittels spezieller

---

85 *Pohl*, DuD 2007, 684 (687).
86 *Fox*, DuD 2007, 827 (832).
87 Programme, die den Internetverkehr des PCs überwachen.
88 *Buermeyer*, HRRS 2007, 154 (165).
89 Siehe o. Fußn. 72.
90 *Pohl*, DuD 2007, 684 (687).
91 *Geschonneck*, Computer Forensik, S. 97.

Datenträger-Löschsoftware die Gebrauchsspuren des Systems regelmäßig gelöscht werden oder dafür gesorgt wird, dass sie erst gar nicht entstehen können.[92]

In Anbetracht der mannigfaltigen Abwehrmöglichkeiten wird daher die Ansicht vertreten, dass bei ordnungsgemäßer Beachtung bereits der gängigen Sicherheitsvorkehrungen schon die Infiltration des Systems scheitern wird.[93] Eine gute Aussicht auf Erfolg der Maßnahme besteht somit nur bei einem Angriff auf ein Zielsystem mit Sicherheitsschwächen. Entscheidend für den Erfolg einer Online-Durchsuchung wird folglich das Maß an Nachlässigkeit der Nutzer beim Umgang mit technischen Sicherungsmaßnahmen sein.[94]

4. Technische Realisierung der Quell-TKÜ

Grundlage von VoIP ist die Übertragung von Sprache über das Internetprotokoll (IP).[95] Dabei wird nicht die Sprache als solche übermittelt, sondern es wird zum Zweck der Übertragung zunächst ein analoges Signal abgetastet, anschließend quantisiert und zum Schluss digitalisiert.[96] Die digitalisierten Sprachsignale werden zu Paketen komprimiert, über das Internet verschickt und dann beim Empfänger wieder entpackt bzw. über sog. Gateways in das traditionelle Telefonnetz eingespeist.[97]

Das Internet ist ohne gesonderte Verschlüsselung ein offenes Netz[98]; das gilt somit auch für die digitalen Sprachpakete. Um die Information auf digitalem Weg zu übertragen, bedient man sich so genannter Kodierungsverfahren, die nach bestimmten mathematischen Algorithmen die Sprachdaten in ein Codewort oder einen Bitstrom umwandeln.[99] Die gängige VoIP-Software (bspw. Skype)[100] besorgt die Verschlüsselung der zu übertragenden Audiodaten auf dem Computer durch 256-Bit-Verschlüsselung, um so die konkreten Inhalte der Telekommunikation zu sichern.[101]

---

92 *Geschonneck*, a.a.O., S. 99.

93 *Bogk*, Fragenkatalog, S. 13; weitergehend *Fox*, Stellungnahme, S. 10, der keine Möglichkeit sieht, die Online-Durchsuchung so zu gestalten, dass ein Zielsystem nicht wirksam geschützt werden kann.

94 So auch *Sieber*, Stellungnahme, S. 13.

95 *Holznagel/Bonnekoh*, MMR 2005, 585.

96 *BSI*, VoIPSEC, S. 40.

97 *Katko*, CR 2005, 189.

98 *Katko*, a.a.O., S. 190.

99 *BSI*, VoIPSEC, S. 40.

100 http://www.skype.com/intl/de/newtoskype/ (Stand: 12.07.2008).

101 *Bär*, Anm. z. LG Hamburg, Beschl. v. 01.10.2007 – 629 Qs 29/07, MMR 2008, 423 (426).

Der Einsatz der Verschlüsselungstechnik ermöglicht weder dem Betreiber des Telefonnetzes, das zur Anbindung an das Internet verwendet wird, noch Dritten (wie bspw. Ermittlungsbehörden) den Zugriff auf den Gesprächsinhalt.[102] Bei herkömmlicher Telekommunikationsüberwachung würden mithin nur die kryptierten Sprachdatenpakete aufgezeichnet.[103]

Die Überwachung und Aufzeichnung von VoIP-Telefonaten ist daher nur dadurch möglich, dass die digitalisierten Worte der Teilnehmer noch vor ihrer Verschlüsselung – an der Quelle – abgefangen und weitergeleitet werden (sog. Ausleitung).[104] Dazu wird eine spezielle Software (sog. „Spyware") – vergleichbar der zur Online-Durchsuchung – auf dem Computer des Betroffenen installiert, wodurch die über das Mikrofon aufgenommenen und an die Soundkarte weitergeleiteten – noch unkodierten – Daten digital aufgezeichnet und via Internet an die Ermittlungsbehörden übertragen werden.[105] Gleiches geschieht mit den ankommenden Sprachdaten, nachdem diese auf dem PC der Zielperson wieder entschlüsselt wurden.[106] Dadurch ist ein kompletter Mitschnitt des via Internet geführten Telefonats möglich – und das, ohne von außen auf das Leitungsnetz des Providers zugreifen zu müssen.[107] Schwierigkeiten bereitet den Ermittlungsbehörden dabei das Problem der „Nomadisierung", also die orts- und netzunabhängige Nutzung der Telekommunikation, die von jedem beliebigen Standort mit Internetzugang möglich ist.[108]

III. Rechtsprechungs-„Historie" der Online-Durchsuchung

Das *BVerfG* hat festgestellt, dass vereinzelt Online-Durchsuchungen durch Bundesbehörden bereits ohne gesetzliche Ermächtigungen durchgeführt worden wären, über deren Erfolge in Ermangelung entsprechender Aussagegenehmigungen der Präsidenten des *Bundeskriminalamts* und des *Bundesamts für Verfassungsschutz* in der mündlichen Verhandlung vor dem erkennenden Senat keine Erkenntnisse gewonnen werden konnten.[109] Das *BfV* soll sich dabei im Jahr 2005 auf eine, unter Bezugnahme auf § 8 BVerfSchG erlassene, Dienstanweisung des damaligen

---

102 *Sankol*, CR 2008, 13; *Holznagel/Bonnekoh*, MMR 2005, 585 (590).

103 *Bär*, MMR 2008, 423 (426).

104 *Sankol*, CR 2008, 13

105 *Bär*, MMR 2008, 423 (426).

106 *Sankol*, CR 2008, 13.

107 Ebda.

108 *Bär*, Hdb. EDV-Beweissicherung, Rn. 121.

109 *BVerfG* (o. Fußn. 15), Absatz-Nr. 7.

Bundesinnenministers *Schily* gestützt haben, die entgegen § 8 Abs. 2 BVerfSchG dem parlamentarischen Kontrollgremium nicht mitgeteilt wurde.[110] Es gehört wohl zum Wesen von verdeckt durchgeführten geheimdienstlichen Maßnahmen, dass sie nur durch umstrittene, wenig belastbare Quellen bekannt werden können.

Unstreitig ist dagegen folgendes: nachdem zunächst ein Ermittlungsrichter des *BGH* einem Antrag der *Bundesanwaltschaft* auf eine strafprozessuale Online-Durchsuchung stattgegeben hatte,[111] verweigerte kurz darauf ein anderer Ermittlungsrichter eine solche Maßnahme.[112] Somit befasste sich schließlich ein Strafsenat des *BGH* mit der Zulässigkeit der Online-Durchsuchung.[113] Er kam zu dem Schluss, dass die StPO in der derzeit gültigen Fassung keine Online-Durchsuchung rechtfertigen könne, da es an der erforderlichen formell-gesetzlichen Befugnisnorm fehle.[114] Weder systematische Erwägungen, noch die Kombination einzelner Elemente von Eingriffsermächtigungen könnten darüber hinweghelfen.[115] Dies widerspreche dem Grundsatz vom Vorbehalt des Gesetzes bei Grundrechtseingriffen (Art. 20 Abs. 3 GG), sowie dem Grundsatz der Normenklarheit und Tatbestandsbestimmtheit von strafprozessualen Eingriffsnormen.[116] Damit war die Online-Durchsuchung für repressive Zwecke auf Grundlage der StPO zunächst ausgeschlossen.

Mit dem „Gesetz zur Änderung des Gesetzes über den Verfassungsschutz in Nordrhein-Westfalen" vom 20.12.2006[117] wurden durch den Landesgesetzgeber diverse Normen eingefügt oder geändert, die Befugnisse der Verfassungsschutzbehörden zu verschiedenen Formen der Datenerhebung – insbesondere aus informationstechnischen Systemen – regeln. § 5 Abs. 2 Nr. 11 S. 1 Alt. 2 VSG NW gestattet der Verfassungsschutzbehörde zur Informationsbeschaffung

> „[...] heimliches Beobachten und sonstiges Aufklären des Internets, wie insbesondere die verdeckte Teilnahme an seinen Kommunikationseinrichtungen bzw. die Suche nach ihnen, sowie der heimliche Zugriff auf informationstechnische Systeme auch mit Einsatz technischer Mittel. [...]"

Damit enthält die Norm die erste ausdrückliche gesetzliche Ermächtigung einer deutschen Behörde zur Durchführung von Online-Durchsuchungen.[118]

---

110 *Hirsch*, NJOZ 2008, 1907 (1908).

111 *BGH Ermittlungsrichter*, Beschl. v. 21.02.2006 – 3 BGs 31/06, wistra 2007, 28 ff.

112 *BGH Ermittlungsrichter*, Beschl. v. 25.11.2006 – 1 BGs 184/06, MMR 2007, 174 ff.

113 *BGH*, Beschl. v. 31.01.2007 – StB 18/06, NJW 2007, 930 ff.

114 *BGH* a.a.O., S. 930.

115 *BGH* a.a.O., S. 932.

116 Ebda.

117 GVBl. NRW 2006, S. 620 f.

118 *BVerfG* (o. Fußn. 15), Absatz-Nr. 8.

Gegen verschiedene Normen des VSG NW wurde daraufhin Verfassungsbeschwere vor dem *BVerfG* erhoben. Insbesondere in Bezug auf § 5 Abs. 2 Nr. 11 S. 1 Alt. 2 VSG NW wurde die Verletzung der Grundrechte aus Art. 2 Abs. 1 i.V.m. Art. 1 Abs. 1, Art. 10 Abs. 1 und Art. 13 Abs. 1 GG gerügt.[119]

Art. 13 Abs. 1 GG sei verletzt, da dieser nur unter den Voraussetzungen der Abs. 2 bis 7 eingeschränkt werden könne.[120] In Bezug auf den Eingriff in Art. 10 GG fehle es dem Gesetz an Vorkehrungen zum Schutz des Kernbereichs privater Lebensgestaltung und der Verhältnismäßigkeitsgrundsatz sei nicht gewahrt.[121]

Darüber hinaus sei das allgemeine Persönlichkeitsrecht verletzt, weil den Behörden durch die Befugnisnorm eine Datenerhebung solchen Umfangs ermöglicht werde, die die Erstellung eines umfassenden Bildes über die Persönlichkeit des Betroffenen erlaube.[122]

---

119 *BVerfG* (o. Fußn. 15), Absatz-Nr. 119.

120 *Baum u.a.*, Verfassungsbeschwerde, S. 35.

121 *BVerfG* (o. Fußn. 15), Absatz-Nr. 122.

122 *Baum u.a.*, Verfassungsbeschwerde, S. 29.

C. Rechtsfragen der Online-Durchsuchung am Maßstab des Grundrechts auf Gewährleistung der Vertraulichkeit und Integrität informationstechnischer Systeme

Das Verfahren über die Ermächtigung zur Online-Durchsuchung hat das *BVerfG* zum Anlass genommen, das neue Grundrecht auf *Gewährleistung der Vertraulichkeit und Integrität informationstechnischer Systeme* zu entwickeln. Nachfolgend soll dargestellt werden, wie das neue Grundrecht einzuordnen ist und welche Anforderungen es an die Eingriffsmaßnahme Online-Durchsuchung stellt.

I. (Grund-)Rechtsfortbildung durch das Bundesverfassungsgericht

Eine Untersuchung der Auswirkungen einer Grundrechtsfortbildung durch eine bundesverfassungsgerichtliche Entscheidung in diesem Bereich hat die Grundzüge der richterrechtlichen Ausgestaltung des allgemeinen Persönlichkeitsrechts aus Art. 2 Abs. 1 i.V.m. Art. 1 Abs. 1 GG sowie die Grundlagen der Bindungswirkung verfassungsgerichtlicher Entscheidungen darzustellen.

1. Das allgemeine Persönlichkeitsrecht als richterrechtlich ausgeprägter Grundrechtsschutz

Der Behauptung, die Formulierung eines Grundrechts durch Richterspruch sei selten[123], ist zu entgegnen, dass das *BVerfG* das allgemeine Persönlichkeitsrecht aus Art. 2 Abs. 1 i.V.m. Art. 1 Abs. 1 GG über viele Jahre hinweg durch seine Rechtsprechung in diversen Fallgruppen ausgeprägt hat. Durch dieses Grundrecht, bei dem die beiden Artikel des GG nicht kumulativ zur Anwendung kommen, sondern das allgemeine Persönlichkeitsrecht aus Art. 2 Abs.1 GG inhaltlich unter Heranziehung des Art. 1 Abs. 1 GG konkretisiert wird[124], wird dem Einzelnen ein „unantastbarer Bereich privater Lebensgestaltung" gewährleistet.[125]

---

123 *Hirsch*, NJOZ 2008, 1907.

124 *Murswiek*, in: Sachs, GG, Art. 2 Rn. 63.

125 *BVerfGE* 27, 1 (6) – „Mikrozensus".

Durch die Fortentwicklung des Schutzbereichs durch das *BVerfG* konnte den, v.a. durch technische Entwicklung bedingte, neu auftretenden Gefährdungen begegnet werden. So hat das Gericht als Ausprägung des allgemeinen Persönlichkeitsrechts bisher anerkannt

- den Schutz der Privatsphäre als engere persönliche Lebenssphäre, die einen nach außen abgeschotteten Bereich gewährleistet;[126]
- den Anspruch auf Kenntnis der eigenen Abstammung;[127]
- das Recht auf Achtung der persönlichen Ehre;[128]
- das Verfügungsrecht über die Selbstdarstellung der eigenen Person in der Öffentlichkeit mit dem Recht am eigenen Bild und gesprochenen Wort,[129] sowie dem Gegendarstellungsanspruch zur Durchsetzung der Persönlichkeitsrechte gegenüber den Medien[130] und
- das Recht auf informationelle Selbstbestimmung.[131]

So ist das allgemeine Persönlichkeitsrecht auch Ausgangsgrundlage für die Ausprägung des neuen Grundrechts auf Gewährleistung der Vertraulichkeit und Integrität informationstechnischer Systeme.[132]

Dem *BVerfG* wird auf Grund der häufig detaillierten Vorgaben in den Urteilen vorgeworfen, es betreibe nicht nur Rechtsprechung, sondern gar Politik.[133] Der richterrechtlichen Grundrechtsfortbildung durch das Gericht wird vereinzelt gar mit der Warnung vor einer „Richteroligarchie" begegnet.[134] Die Richter würden, wie in einer „elitären Oligarchie", den wesentlichen Inhalt der Gesetze vorgeben und nur die nähere Ausführung dem parlamentarischen Gesetzgeber überlassen, kurz: es herrsche parlamentarische Demokratie für die kurzfristige Politik und verfassungsrechtliche Oligarchie für die langfristige Politik.[135]

Dem ist nicht zuzustimmen, denn dem *BVerfG* obliegt gemäß Art. 93 GG als höchste gerichtliche Instanz allein die Entscheidung in Fragen der Auslegung des

---

126 *Murswiek*, in: Sachs, GG, Art. 2 Rn. 79.

127 *BVerfGE* 38, 241 (250 ff.) – „Ehelichkeitsanfechtung".

128 *BVerfGE* 54, 208 (217) – „Heinrich Böll".

129 *BVerfGE* 35, 202 (220) – „Lebach".

130 *BVerfGE* 63, 131 (142) – „Gegendarstellung".

131 *BVerfGE* 65, 1 (41 ff.) – „Volkszählung".

132 *BVerfG* (o. Fußn. 15), Absatz-Nr. 166.

133 Zusammenfassend *Prantl*, Kommentar in der Süddeutschen Zeitung v. 04.07.2007: „Wer darüber urteilen darf, was Politik machen darf und was nicht, macht Politik; also macht das Bundesverfassungsgericht Politik."

134 *Brohm*, NJW 2001, 1.

135 *Brohm*, a.a.O, S. 2.

Grundgesetzes und der sich aus ihm ergebenden Rechte und Pflichten. Und auch der einfachgesetzliche Normgeber hat diese verfassungsrechtlich herausgehobene Stellung durch die Bindungswirkungen der bundesverfassungsgerichtlichen Entscheidungen gemäß § 31 BVerfGG ausgeprägt. Dabei ist jedoch der Umfang dieser Bindungswirkung in Literatur und Rechtsprechung nicht unumstritten.

2. *Bindungswirkung verfassungsgerichtlicher Entscheidungen*

Während ein einfachgerichtliches Urteil regelmäßig mit seiner materiellen Rechtskraft nur Wirkung inter partes auslöst, wird durch § 31 Abs. 1 BVerfGG die materielle Rechtskraft eines verfassungsgerichtlichen Urteils über den Kreis der Verfahrensbeteiligten hinaus auf die Verfassungsorgane des Bundes und der Länder, alle Gerichte und Behörden erweitert; im Falle des § 31 Abs. 2 BVerfGG erwächst diese sogar in Gesetzeskraft.

Nach umstrittener Ansicht des *BVerfG* und dem überwiegenden Teil der Fachgerichtsbarkeit werden von der Bindungswirkung auch die tragenden Gründe der Entscheidung umfasst.[136] Vereinzelt hat das *BVerfG* auch alle Ausführungen der Urteilsbegründung zu Teilen der die Entscheidung tragenden Gründe erklärt.[137]

Dem wird entgegnet, es sei oftmals nicht erkennbar, welche Teile der Gründe tragend seien und welche nur bei Gelegenheit geäußert wurden.[138] Nach Ansicht des *BGH* bezieht sich die Bindungswirkung nur auf die Urteilsformel, nicht dagegen auf die Entscheidungsgründe, auch nicht auf die tragenden Gründe.[139] Andernfalls könne das *BVerfG*, ganz im Gegensatz zum Gesetzgeber, seinen Begründungen eine gesetzesähnliche Bindungswirkung verleihen und würde somit ein nicht unmittelbar vom Volk gewähltes Gesetzgebungsorgan – des Bundes – darstellen,

> „das entgegen der sonstigen föderativen Ordnung der Bundesrepublik Recht nicht nur für den Bund, sondern unbeschränkt auch für die Länder und die Gemeinden setzen könnte, ohne an die im Rechtsstaat unerlässlichen Sicherungen und Formen des Gesetzgebungsverfahrens gebunden zu sein."[140]

---

136 *BVerfGE* 1, 14 (37) – „Neugliederung Bundesverfassungsgericht"; *BFH*, Urt. v. 12.04.1983 – VIII R 80/79; *BVerwG* NJW 1982, 779 (780).

137 *BVerfGE* 36, 1 (36) – „Grundlagenvertrag".

138 *Schulze-Fielitz*, Verfassungsgerichtliche Entscheidungen, S. 388 m.w.N.

139 *BGH (GS)* NJW 1954, 1073 (1074).

140 *BGH (GS)* a.a.O., S. 1075.

Der Ansicht des *BVerfG* ist zu folgen, da sie der Stellung des Gerichts als maßgeblichem Interpret und „Hüter der Verfassung“[141] auf der Ebene eines Staatsorgans[142] und nicht eines „bloßen“ Gerichts entspricht.[143] Die Bindungswirkung beschränkt sich auf die Teile der Gründe, welche die Auslegung und Anwendung des Grundgesetzes betreffen; sie erstreckt sich jedoch nicht auf Ausführungen zur Auslegung einfachgesetzlicher Vorschriften.[144] Nur durch diese herausragende Stellung des Gerichts ist gesichert, dass es letztverbindliche Feststellungen darüber geben kann, ob ein Akt hoheitlicher Gewalt verfassungswidrig ist oder nicht.[145] Nur so kann die in Art. 20 Abs. 3 GG vorgeschriebene Bindung des Staates und seiner Organe an die verfassungsmäßige Ordnung und die in Art. 1 Abs. 3 GG normierte Bindung an die Grundrechte effektiv durchgesetzt werden. Im Bereich der einfachen Gesetze ist der Richter zur Gesetzesauslegung und gegebenenfalls Lückenausfüllung durch richterrechtliche Rechtsfortbildung verpflichtet.[146] Zur Fortbildung des in weiten Teilen inhaltlich unbestimmten Grundgesetzes ist daher konsequenterweise vorrangig das *BVerfG* berufen.[147] So tritt neben die Kontrollfunktion die Rechtsfortbildungsfunktion des Gerichts.[148]

Und daher ist auch die richterrechtliche Ausgestaltung neuer Ausprägungen der Grundrechte Aufgabe des *BVerfG*, um so den Grundrechtsschutz den technischen und gesellschaftlichen Entwicklungen anzupassen.

II. Entwicklung zum Grundrecht auf Gewährleistung der Vertraulichkeit und Integrität informationstechnischer Systeme

Der Landes-/ Bundesgesetz- und Verfassungsgeber hat es unterlassen, unter dem Eindruck des Wandels der Informations- und Kommunikationstechniken hinreichend umfassende und grundsätzliche Bedingungen für die wechselbezüglich bestehenden Freiheits- und Sicherheitsinteressen der Bürger zu schaffen. Die Ergebnisse diverser parlamentarisch gestützter Vorarbeiten sind weitgehend ungenutzt geblieben. Verwiesen sei hier auf den Zwischenbericht der Enquete-Kommission

---

141 *BVerfGE* 40, 88 (93) – „Führerschein“.

142 *Maurer*, Staatsrecht I, § 20 Rn. 7; *Würtenberger*, Verfassungsrichterrecht, S. 71.

143 *Ziekow*, NVwZ 1995, 247 (249).

144 *BVerfGE* 40, 88 (94).

145 *Warntjen*, Heimliche Zwangsmaßnahmen, S. 26.

146 *Larenz/Canaris*, Methodenlehre, S. 188.

147 *Warntjen*, Heimliche Zwangsmaßnahmen, S. 27; *Kriele*, ZRP 1975, 73 (74).

148 *Würtenberger*, Verfassungsrichterrecht, S. 57.

des Bundestages „Neue Informations- und Kommunikationstechniken“[149], in dem problematisiert wird, dass neben den Vorteilen der neuen Techniken[150], die dadurch ermöglichte Erhebung, Speicherung, Übermittlung und Verarbeitung personenbezogener Daten „auch vielfältige Gefährdungen der Persönlichkeit“ auslösen könne, so dass eine Abwägung erforderlich sei.[151] Und der vierte Zwischenbericht der Enquete-Kommission „Zukunft der Medien in Wirtschaft und Gesellschaft - Deutschlands Weg in die Informationsgesellschaft“ zum Thema „Sicherheit und Schutz im Netz“[152] betont bereits die Bedeutung von Integrität und Vertraulichkeit von Information und Kommunikation.[153] Das *BVerfG* hat es daher jetzt für erforderlich erachtet, durch Ausbildung eines neuen Grundrechts dem Bürger den erforderlichen Schutzgewähr- und Abwehranspruch zur Sicherung seiner informationstechnischen Systeme grundrechtlich zu sichern.

1. Schutzbereich

Bereits der Schutzbereich des neuen Grundrechts wirft Abgrenzungsfragen auf.

a) Zum Begriff des informationstechnischen Systems

Das *BVerfG* will in den sachlichen Schutzbereich des neuen Grundrechts nur solche informationstechnischen Systeme aufnehmen, die über einen großen Funktionsumfang verfügen und personenbezogene Daten vielfältiger Art erfassen und speichern können, so dass ein Einblick in wesentliche Teile der Lebensgestaltung ermöglicht und ein aussagekräftiges Bild der Persönlichkeit des Betroffenen gewonnen werden kann (zur Definition siehe bereits oben B.I.1).[154] Soweit ein System lediglich Daten mit punktuellem Bezug zu einem bestimmten Lebensbereich des Betroffenen enthält, reiche der Schutz des Rechts auf informationelle Selbstbestimmung aus.[155]

Hier ist, trotz des Erklärungsansatzes des *BVerfG*, die Abgrenzung zwischen dem Recht auf informationelle Selbstbestimmung und dem auf Vertraulichkeit und

---

149 BT-Drs. 9/2442 v. 28.03.1983.

150 Damals mit dem Begriff „Informations- und Kommunikationstechnik“ (IuK) bezeichnet.

151 BT-Drs. 9/2442, S. 192.

152 BT-Drs. 13/11002 v. 22.06.1998.

153 BT-Drs. 13/11002, S. 43.

154 *BVerfG* (o. Fußn. 15), Absatz-Nr. 203.

155 *BVerfG* (o. Fußn. 15), Absatz-Nr. 202.

Integrität informationstechnischer Systeme völlig unklar. Es stellt sich die weiterführende Frage, warum der Staat bspw. über den intelligenten Kühlschrank oder den Bordcomputer des PKW mehr wissen dürfen soll, als über den PC oder den PDA? Ermöglicht nicht gerade die Sammlung und Zusammenführung umfangreicher Datenbestände – wenn auch untergeordneter Art – die Erstellung eines Persönlichkeitsbildes? Und gilt heute die aus dem Volkszählungsurteil entwickelte Mahnung nicht mehr, dass es im Zeitalter der EDV kein belangloses Datum mehr gibt?[156]

Der einschränkende Ansatz des *BVerfG* ist verständlich: nicht jeder per Zeitschaltuhr und/oder Lichtsensor elektronisch geregelte Rollladen soll in den Schutzbereich des neuen Grundrechts fallen. Jedoch sind die Vorgaben für eine Abgrenzung konturlos: wann haben Mobiltelefone oder elektronische Terminkalender den vom Gericht geforderten „großen Funktionsumfang“[157] und wann können sie demnach „personenbezogene Daten vielfältiger Art erfassen und speichern“[158]? Ist hier eine quantitative oder eine qualitative Grenzschwelle gemeint?

Es ist weiter zu fragen, ob ein „System“ überhaupt vertraulich und integer sein kann, da es sich bei den Begriffen um personelle Tugenden handelt.[159] Nach dem *BVerfG* wird dabei aber das Interesse des Nutzers geschützt, dass die vom Schutzbereich des Grundrechts umfassten Systeme samt der darin erfassten Daten vertraulich bleiben und die Integrität der Daten gewahrt bleibt.[160] Der Wortlaut des neuen Grundrechts definiert jedoch nicht schon seinen Schutzbereich.

b) Abgrenzung zu Art. 10 Abs. 1 GG

Das *BVerfG* ist der Ansicht, die grundrechtlichen Gewährleistungen der Art. 10 und 13 GG und die ebenso durch die Rechtsprechung entwickelten Ausprägungen des allgemeinen Persönlichkeitsrechts, insbesondere des Rechts auf informationelle Selbstbestimmung, würden dem durch die technische Fortentwicklung veränderten Schutzbedürfnis nicht mehr hinreichend entsprechen.[161] Daraus folgt, dass der Schutzbereich des neuen Grundrechts einerseits vorhandene Schutzlücken schließen muss, sich jedoch für seinen Anwendungsbereich hinreichend deutlich von anderen Grundrechten mit ähnlichen Schutzfunktionen differenzieren muss.

156 *Hoeren*, MMR 2008, 365 (366).
157 *BVerfG* (o. Fußn. 15), Absatz-Nr. 203.
158 Ebda.
159 *Hoeren*, MMR 2008, 365.
160 *BVerfG* (o. Fußn. 15), Absatz-Nr. 204.
161 *BVerfG* (o. Fußn. 15), Absatz-Nr. 181.

Der Schutz des Art. 10 Abs. 1 GG erfasst die Telekommunikation und deren nähere Umstände unabhängig von ihrer Übermittlungsart.[162] Der Schutzbereich erstreckt sich auch auf die Kommunikation über das Internet.[163] Er soll sich jedoch nicht auf die nach Abschluss des Telekommunikationsvorgangs im Herrschaftsbereich des Teilnehmers gespeicherten Inhalte der Kommunikation erstrecken, da bezüglich dieser Daten die spezifischen Gefahren der räumlich distanzierten Kommunikation, die den Einsatz Dritter in Form der Telekommunikationsunternehmen erforderlich macht, nicht bestehen.[164] Der Schutz des Telekommunikationsgeheimnisses soll daher auch dann nicht bestehen, wenn ein informationstechnisches System überwacht wird oder seine Speichermedien durchsucht werden und zur Übermittlung der erhobenen Daten an die Behörde eine Telekommunikationsverbindung genutzt wird.[165]

Die Auffassung des *BVerfG* zur Telekommunikationsfreiheit bei der Online-Durchsuchung ist im Zusammenhang mit der bisherigen Rechtsprechung zu Art. 10 Abs. 1 GG konsequent. Bei der Übertragung der Daten sind die Einflussmöglichkeiten des Betroffenen eingeschränkt und erfordern den Schutz des Art. 10 Abs. 1 GG. Anders verhält es sich mit Daten, die sich im Herrschaftsbereich des Nutzers befinden. Hier kann er sich regelmäßig vor dem unbefugten Datenzugriff Dritter schützen, etwa durch die Verwendung von Passwörtern. Bei der Online-Durchsuchung verliert der Betroffene jedoch die Hoheit über seine Daten - insoweit fehlt der Schutz des Fernmeldegeheimnisses. Daran ändert sich auch dadurch nichts, dass die Ausleitung der Daten aus dem überwachten System zu der Ermittlungsbehörde via Telekommunikationsverbindung stattfindet. Denn dabei handelt es sich gerade nicht um eine Telekommunikation des Betroffenen.[166]

Nicht zu verachten ist jedoch die Kritik, mit der Ausnahme der Online-Durchsuchung vom Schutzbereich des Fernmeldegeheimnisses könne der freie Meinungs- und Informationsaustausch der Bürger über das Internet beeinträchtigt werden, da der Nutzer davon ausgehen müsse, die Online-Verbindung werde für staatliche Zugriff auf die eigenen Datenbestände genutzt.[167] Hier wird gefordert, dem Fernmeldegeheimnis bei der Online-Durchsuchung gegenüber anderen betroffenen Grundrechten eine eigenständige Anwendung zuzugestehen.[168]

---

162 *BVerfGE* 106, 28 (36) – „Mithöreinrichtung“.

163 *BVerfGE* 113, 348 (383) – „Telekommunikationsüberwachung Niedersachsen“.

164 *BVerfGE* 115, 166 (183) – „Verbindungsdaten“.

165 *BVerfG* (o. Fußn. 15), Absatz-Nr. 186.

166 *Buermeyer*, RDV 2008, 8 (9).

167 *Nachbaur*, NJW 2007, 335 (337); *Schenke*, AöR 2000, 1 (20)

168 *Schantz*, KritV 2007, 310 (323).

c) Abgrenzung zu Art. 13 Abs. 1 GG

Fragen wirft auch das Verhältnis des neuen Grundrechts zum Schutzbereich des Grundrechts auf Unverletzlichkeit der Wohnung aus Art. 13 Abs. 1 GG auf.

Gegen die Eröffnung des Schutzbereichs von Art. 13 GG bei der Online-Durchsuchung spreche einer Ansicht nach, dass dabei kein *physisches* Eindringen in die Wohnung erfolgt.[169] Jedoch hat das *BVerfG* bereits im Urteil zum sog. „Großen Lauschangriff" ausgeführt, dass das Grundecht des Art. 13 Abs. 1 GG bei seiner Schaffung zwar primär der Abwehr vor unerwünschter physischer Anwesenheit eines Vertreters der Staatsgewalt gedient habe, auf Grund der heutigen technischen Gegebenheiten aber auch Schutz vor einer Überwachung der Wohnung durch technische Hilfsmittel von außerhalb biete, da ansonsten der Schutzzweck des Grundrechts vereitelt würde.[170] Mithin ist also der Schutzbereich auch bei Aufnahmen mit Teleobjektiven, Infrarotkameras, Richtmikrofonen u.ä. eröffnet. Dies spricht für eine Eröffnung des Schutzbereichs auch bei der Online-Durchsuchung, die ebenfalls von außen eingesetzt und im informationstechnischen System wirksam wird. Andernfalls wäre der Grundrechtsschutz davon abhängig, ob nach dem gegenwärtigen Stand der Technik ein Eingriff möglich ist oder nicht.[171] Der Einwand, dass nicht die Wohnung, sondern der PC das Ziel der Maßnahme sei, lässt sich dadurch entkräften, dass es auch bei der Online-Durchsuchung um die Ausforschung von Daten bestimmter Personen – auch – in deren Rückzugsraum Wohnung geht.[172]

Ebenso wenig überzeugt der Einwand, die Online-Durchsuchung vollziehe sich in einem abgegrenzten Raum innerhalb der Wohnung, so dass der Maßnahme im Gegensatz zum großen Lauschangriff nicht die Gefahr anhafte, den gesamten räumlichen Schutzbereich der Wohnung zu negieren.[173] Zwar wird dem Betroffenen regelmäßig ein hinreichender Rückzugsbereich verbleiben. Jedoch ändert es nichts an der Eingriffsqualität, dass ein Teil der betroffenen Wohnung nicht unmittelbar von einer Maßnahme betroffen ist. Einer partiellen Überwachung könnte man nur dann entgehen, wenn man ihren genauen Umfang kennt, was jedoch auf Grund der Heimlichkeit der Online-Durchsuchung ausgeschlossen ist.[174] Maßgeblich ist, dass Zugriff auf einen Gegenstand erfolgt, der der Wahrnehmung dadurch entzogen ist, dass er sich in einem geschützten Bereich außerhalb der Wohnung befinden.[175]

---

169 *Kutscha*, NJW 2007, 1169 (1170).
170 *BVerfGE* 109, 279 – „Großer Lauschangriff".
171 *Schantz*, KritV 2007, 310 (316).
172 *Buermeyer*, RDV 2008, 8 (11).
173 *Schlegel*, GA 2007, 648 (659).
174 *Buermeyer*, RDV 2008, 8 (11).
175 *Schantz*, KritV 2007, 310 (314).

Das *BVerfG* hat zum Schutz des Art. 13 Abs. 1 bei der Online-Durchsuchung festgestellt, dass das Grundrecht Schutzlücken gegenüber Zugriffen auf informationstechnische Systeme lässt.[176] Dies wird damit begründet, dass der Eingriff unabhängig vom Standort erfolgen könne, so dass ein raumbezogener Schutz nicht in der Lage sei, die spezifischen Gefährdungen für die Systeme abzuwehren.[177]

Nach dieser Ansicht, würde allerdings der Schutzbereich des Art. 13 GG allein aus der Perspektive des Eingreifenden definiert.[178] So greift das Gericht das Argument auf, den Schutz des PCs nicht von seinem Standort abhängig zu machen, der wegen der Mobilität der Systeme und der zunehmenden Verbreitung von drahtlosem Zugang zum Internet nur zufällig in der Wohnung sei.[179] Der Schutz von informationstechnischen Systemen beruhe indes nicht auf der Schutzfunktion eines Raumes, sondern basiere auf den Einstellungen der Programmabläufe, die den Datenzugriff von außen regelmäßig unterbinden sollen.[180]

Es stellt sich bei diesen Ausführungen die Frage, warum zumindest solche Systeme, die sich erwiesenermaßen in Wohnungen oder Betriebsräumen befinden (wie z.B. nicht mobile Server), bei einer Online-Durchsuchung vom Schutzbereich des Art. 13 Abs. 1 GG ausgenommen sein sollen. Grundsätzlich soll das neue Grundrecht nur subsidiäre Anwendung finden, soweit nicht Art. 10 oder 13 GG oder das Recht auf informationelle Selbstbestimmung maßgeblich sind.[181] Bereits in vorangegangenen Urteilen hat das *BVerfG* indes anerkannt, dass bei einem Zusammentreffen des Eingriffs in den Schutzbereich des Art. 13 Abs. 1 GG und den des allgemeinen Persönlichkeitsrechts[182] aus Art. 2 Abs. 1 i.V.m. Art. 1 Abs. 1 GG (oder mit dem Recht auf informationelle Selbstbestimmung als einer Ausprägung desselben[183]) das an sich subsidiäre Persönlichkeitsrecht (oder seine Ausprägung) nicht verdrängt werden. Dies führt sodann zu einer punktuellen Verstärkung des allgemeinen Persönlichkeitsrechts (oder seiner Ausprägung). Und weiter hat das Gericht festgestellt, dass bei Maßnahmen, die den Schutzbereich mehrerer Grundrechte betreffen, wegen des, einem „additiven“ Grundrechtseingriff innewohnenden, Gefährdungspotenzials besondere Anforderungen zu beachten sind.[184] Soll bei einem

176 *BVerfG* (o. Fußn. 15), Absatz-Nr. 191.

177 *BVerfG* (o. Fußn. 15), Absatz-Nr. 194.

178 *Hornung*, CR 2008, 299 (301).

179 *Böckenförde*, Ermittlung im Netz, S. 224.

180 *Germann*, Gefahrenabwehr und Strafverfolgung im Internet, S. 541.

181 *BVerfG* (o. Fußn. 15), Absatz-Nr. 195.

182 *BVerfGE* 113, 29 (45) – „Kanzleidurchsuchung“.

183 *BVerfGE* 115, 166 (187) – „Verbindungsdaten“.

184 *BVerfG* NJW 2005, 1338 (1341) – „GPS“.

solchen Eingriff die wahre Betroffenheit der Zielperson grundrechtlich erfasst werden, ist ein ganzheitlicher Eingriff anzuerkennen, der mehrere Grundrechtseingriffe umfasst und zu einer Gesamtbeeinträchtigung bündelt.[185] Aus diesem Grund muss dann, wenn die Infiltration eines informationstechnischen Systems erkennbar im Schutzbereich des Art. 13 Abs. 1 GG erfolgt ist, neben dem Grundrecht auf Gewährleistung der Vertraulichkeit und Integrität eben auch der Eingriff in den Schutzbereich des Art. 13 Abs. 1 GG bei der Frage nach der Rechtfertigung der Maßnahme Berücksichtigung finden.[186] Nur dann ist der einer solchen Maßnahme immanente Eingriff in die Grundrechte vollständig erfasst.

Die Auffassung des *BVerfG*, Art. 13 Abs. 1 GG schütze nicht vor der Erhebung von Daten nach Infiltration des Systems[187], ist zumindest in Bezug auf Systeme, die sich in einer Wohnung befinden, nach der hier vertretenen Ansicht inkonsequent. Denn wenn bereits Schutz vor der Infiltration besteht, ist ein weiterführender Schutz vor Datenerhebung nicht erforderlich. Die Aussage kann aber für solche Systeme gelten, die außerhalb der Wohnung infiltriert wurden.

Nicht nachvollziehbar ist die in diesem Zusammenhang geäußerte Idee, den mit Hilfe der Informationstechnologie geschaffenen virtuellen Räumen den gleichen Schutz wie realen Räumen zu gewähren.[188] Hier darf schon bezweifelt werden, ob die Voraussetzungen für eine solche Analogie erfüllt sind.[189] Weiter gedacht führt diese Ansicht dazu, dass auch ein portables System, das der Nutzer bei sich führt, vom Wohnungsgrundrecht erfasst werden würde.[190]

Ähnlich abwegig ist die Idee, der betroffene Nutzer öffne durch die – für die Online-Durchsuchung notwendige – Verbindung zum Internet sein System und begebe sich damit in die wenig geschützte Sozialsphäre.[191] Wer jedoch am regulären Verkehr im Internet teilnimmt, will damit keinesfalls eine Preisgabe seines Systems und aller darauf enthaltenen Daten erreichen.[192] Schon gar nicht kann dadurch ein konkludenter Verzicht auf den Schutz des Art. 13 Abs. 1 GG gesehen werden.[193]

---

185 *Lücke*, DVBl. 2001, 1469 (1470).
186 So i.E. auch *Hornung*, JZ 2007, 828 (829).
187 *BVerfG* (o. Fußn. 15), Absatz-Nr. 195.
188 *Rux*, JZ 2007, 285 (294).
189 *Hornung*, JZ 2007, 828 (829)
190 *Schlegel*, GA 2007, 648 (658).
191 *Hofmann*, NStZ 2005, 121 (124).
192 *Kutscha*, NJW 2007, 1169 (1170).
193 *Buermeyer*, RDV 2008, 8 (12).

Es ist der Verdacht geäußert worden, die Ablehnung der Eröffnung des Schutzbereiches von Art. 13 GG diene dem *BVerfG* bei der Online-Durchsuchung gerade zur Begründung der verfassungsrechtlichen Schutzlücke, die mit dem neuen Grundrecht auf Gewährleistung der Vertraulichkeit und Integrität informationstechnischer Systeme geschlossen werden solle.[194] Diese Ansicht geht jedoch zu weit, denn zumindest für die Systeme, die außerhalb des Schutzbereichs von Art. 13 Abs. 1 GG infiltriert werden, bestünde ohne das neue Grundrecht eine untragbare Schutzlücke.

d) Abgrenzung zum Recht auf informationelle Selbstbestimmung

Nach Ansicht des *BVerfG* ist auch der bisher über das Recht auf informationelle Selbstbestimmung aus Art. 2 Abs. 1 i.V.m. Art. 1 Abs. 1 GG gewährte Schutz für Nutzer informationstechnischer Systeme nicht ausreichend. Dem Einzelnen verleiht das Recht auf informationelle Selbstbestimmung die Befugnis, selbst über die Preisgabe und Verwendung seiner persönlichen Daten zu bestimmen.[195] Damit würden jedoch die Persönlichkeitsrechtsgefährdungen nicht hinreichend erfasst, die daraus entstünden, dass der Einzelne zu seiner Persönlichkeitsentfaltung auf die Nutzung informationstechnischer Systeme angewiesen sei und dabei dem System zwangsläufig personenbezogene Daten anvertrauen oder durch die Nutzung liefern müsse.[196] Es bestehe die Gefahr der Erhebung eines erheblichen Datenbestands durch einen unbefugten Dritten, der in seinem Gewicht über solche einzelne Datenerhebungen hinausgehe, vor denen das Recht auf informationelle Selbstbestimmung schütze.[197]

Warum jedoch der Schutz des Grundrechts gerade deshalb nicht ausreichen soll, weil der Umfang der in informationstechnischen Systemen enthaltenen Daten erheblich ist, bleibt offen.[198] Geschützt wird die – unfreiwillige – Erhebung, Speicherung, Verwendung und Weitergabe persönlicher Daten ohne Einschränkungen in Bezug auf Umfang und Aussagekraft des Datenbestandes.[199] Das besondere Gewicht einer Maßnahme könnte im Rahmen der Verhältnismäßigkeitsprüfung des Eingriffs berücksichtigt werden.[200] Teilweise wird deshalb der Schutz durch das

---

194 *Hornung*, CR 2008, 299 (301).

195 BVerfGE 65, 1 (43) – „Volkszählung".

196 *BVerfG* (o. Fußn. 15), Absatz-Nr. 200.

197 Ebda.

198 So i. E. auch bei *Kutscha*, NJW 2008, 1042 (1043).

199 So auch *Hornung*, CR 2008, 299 (301).

200 *Sachs/Krings*, JuS 2008, 481 (484).

Recht auf informationelle Selbstbestimmung für ausreichend und das neue Grundrecht auf Gewährleistung der Vertraulichkeit und Integrität informationstechnischer Systeme als „letztlich unnötig“ oder „nicht erforderlich“ erachtet.[201]

Jedoch wird dabei verkannt, dass – wie vom *BVerfG* herausgestellt – die Nutzung informationstechnischer Systeme heute, anders als zur Zeit des Volkszählungsurteils, für den Einzelnen zur Persönlichkeitsentfaltung unumgänglich ist. Auch wird nicht beachtet, dass das Gericht bereits diverse Ausprägungen des allgemeinen Persönlichkeitsrechts herausgearbeitet (siehe dazu bereits oben I.1) und dadurch Schutzbereichsmodifizierungen vorgenommen hat[202] – diese Ausprägungen betreffen auch immer einzelne, sehr spezielle Aspekte der Privatheit. Der Einzelne darf nicht durch die technische Fortentwicklung aus dem Schutzbereich bestehender Grundrechte herausfallen. Die aus der fortschreitenden Verbreitung informationstechnischer Systeme resultierende Veränderung der Nutzung solcher Systeme führt zu einem Schutzbedürfnis, das nur durch eine umfassende Neudefinition des überkommenen informationellen Selbstbestimmungsrechts erfüllt worden wäre. Da erscheint gerade in Anbetracht des gestiegenen staatlichen Interesses an einem Zugriff auf die Daten der Bürger eine neudefinierte grundrechtliche Regelung vorzugswürdig.

e) Kernbereichsschutz

Aus Art. 1 Abs. 1 GG folgt, dass der Staat bei heimlichen Überwachungsmaßnahmen einen unantastbaren Kernbereich privater Lebensgestaltung zu wahren hat, in dem ein Eingriff auch nicht durch überwiegende Interessen der Allgemeinheit zu rechtfertigen ist.[203] Auch Daten können diesem Kernbereichsschutz unterfallen[204], so z.B. wenn sie tagebuchartige Aufzeichnungen oder private Film- und Tondokumente enthalten. Der Zugriff auf informationstechnische Systeme birgt unter der Berücksichtigung des üblichen Nutzerverhaltens, auch private Daten in den Systemen zu speichern, eine gesteigerte Gefahr des Zugriffs auf kernbereichsrelevante Daten. Daher, so das *BVerfG*, müsse in einem zweistufigen Schutzkonzept so weitgehend wie möglich sichergestellt werden, dass keine Daten mit Kernbereichsbezug erhoben werden. Zudem muss in der Auswertungsphase sichergestellt werden, dass dennoch erhobene Kernbereichsdaten unverzüglich gelöscht werden und ihre

201 *Eifert*, NVwZ 2008, 521 (522); *Britz*, DÖV 2008, 411 (413).
202 *Gurlit*, RDV 2006, 43 (45).
203 *BVerfG* (o. Fußn. 15), Absatz-Nr. 271 m.w.N.
204 *BVerfGE* 109, 279 (319) – „Großer Lauschangriff“.

Verwertung ausgeschlossen ist.[205] Damit relativiert das Gericht jedoch den „absoluten" Kernbereichsschutz um einen weiteren Aspekt. Denn Löschungspflichten und Verwertungsverbote können eine durch die Erhebung begangene Verletzung der Menschenwürde nicht ungeschehen machen.[206]

Offen bleibt auch, wer die erhobenen Daten auf kernbereichsrelevante Inhalte durchsehen soll. Gefordert wird, diese Aufgabe einer Stelle zu übertragen, die personell und organisatorisch von der die Daten erhebenden Stelle getrennt ist.[207] In Anlehnung an die im Rahmen des großen Lauschangriffs geführte Diskussion um ein sog. „Richterband" wird vorgeschlagen, eine „Richter-Kopie" einzuführen.[208]

Als Ergebnis aber bleibt: den vom *BVerfG* proklamierten „absoluten" Schutz von Daten aus dem unantastbaren Kernbereich privater Lebensgestaltung gibt es nicht. Wollte man ihn tatsächlich erreichen, bliebe nur der vollständige Verzicht auf Maßnahmen wie den großen Lauschangriff oder die Online-Durchsuchung.

2. *Eingriff und Rechtfertigung*

Die Online-Durchsuchung stellt aber nicht den einzig Eingriff in das neue Grundrecht dar. Gerade unter Berücksichtigung der technischen Fortentwicklung sind weitere Gefährdungen der Integrität und Vertraulichkeit des eigenen Datenbestandes jetzt und in Zukunft denkbar. Das *BVerfG* betont die zunehmende Bedeutung der Systeme insbesondere im Hinblick auf deren fortschreitende Vernetzung untereinander.[209]

Damit ist das neue Grundrecht kein „Einzelfallgrundrecht". Da es laut *BVerfG* nicht schrankenlos gewährt wird[210], kann ein Eingriff unter den nachfolgenden Voraussetzungen möglicherweise gerechtfertigt sein.

205 *BVerfG* (o. Fußn. 15), Absatz-Nr. 280 - 283.

206 So die abweichende Meinung der Richterinnen *Jaeger* und *Hohmann-Dennhardt* zum Urteil des 1. Senats des *BVerfG* v. 03.03.2004, *BVerfGE* 109, 279 (382 f.) – „Großer Lauschangriff".

207 *Hornung*, CR 2008, 299 (305).

208 *Schlegel*, GA 2007, 648 (661).

209 *BVerfG* (o. Fußn. 15), Absatz-Nr. 174.

210 *BVerfG* (o. Fußn. 15), Absatz-Nr. 207.

a) Geeignetheit der Maßnahme

Fraglich ist bereits, ob die Online-Durchsuchung eine geeignete Maßnahme zur Erhebung relevanter Daten ist, denn es bestehen diverse Abwehrmethoden für potentielle Zielpersonen, die eine effektive Abwehr der Online-Durchsuchung ermöglichen (siehe oben B.II.3). In der praktischen Anwendung wird sich der mit der Online-Durchsuchung erzielbare Erfolg erst zeigen müssen. Jedoch sei es, so das *BVerfG*, für die Frage der Eignung einer Maßnahme nicht erforderlich, dass diese stets oder regelmäßig zum Erfolg führt.[211]

Weiter ist der Beweiswert der Ergebnisse einer Online-Durchsuchung fraglich: so soll bereits die Zuordnung des Zielsystems zu einer bestimmten Zielperson technisch nicht belegbar sein, ebenso wenig der Standort des Zielsystems (Inland/Ausland/öffentlicher Raum/Wohnung/Betriebsstätte).[212]

b) Erforderlichkeit

Zwar erachtet das *BVerfG* die Online-Durchsuchung und die Quell-TKÜ gerade unter Berücksichtigung des Zugriffs auf verschlüsselte Inhalte als erforderliche Maßnahmen.[213] Jedoch hat das Gericht keine weiterführenden Erwägungen darüber angestellt, welche mittelbaren Auswirkungen die Maßnahmen für das Zielsystem haben können: neben dem unmittelbaren Eingriff besteht die Gefahr einer mittelbaren Schädigung des Zielsystems durch die Online-Durchsuchung, denn es ist nicht auszuschließen, dass sich neben Behörden auch weitere Software oder Dritte der Zugänge zu den überwachten Systemen bedienen und diese missbrauchen.[214]

c) Angemessenheit: Der Gefahrenbegriff der Online-Durchsuchung

Vom *BVerfG* wird angesichts der Intensität des mit der – präventiven – Online-Durchsuchung verbundenen Grundrechtseingriffs zur Wahrung der Angemessenheit der Maßnahme eine im Einzelfall auf bestimmten Tatsachen beruhende Gefahr für ein überragend wichtiges Rechtsgut gefordert.[215]

Diese Formulierung entspricht nicht der des Gefahrenabwehrrechts. Dort finden Formulierungen wie konkrete, gegenwärtige, erhebliche und dringende Gefahr

---

211 *BVerfG* (o. Fußn. 15), Absatz-Nr. 222.

212 *Fox*, DuD 2007, 827 (832).

213 *BVerfG* (o. Fußn. 15), Absatz-Nr. 225.

214 *Leipold*, NJW-Spezial 2007, 135; *Fox*, DuD 2007, 827 (833).

215 *BVerfG* (o. Fußn. 15), Absatz-Nr. 242.

Anwendung. Die vom Gericht gewählte Formulierung ist auch nicht mit der „dringenden Gefahr für die öffentliche Sicherheit“ in Art. 13 Abs. 4 S. 1 GG identisch.

Der so beschriebene Gefahrenbegriff sollte in Bezug auf seine Anforderungen überprüft und konkretisiert werden und, soweit möglich, terminologisch und inhaltlich dem des traditionellen Gefahrenabwehrrechts angepasst werden.[216] Dieses Bedürfnis beruht auf der Annahme, dass die Online-Durchsuchung künftig überwiegend im präventiven Bereich Verwendung finden dürfte. Daher sollte rechtmäßigen Einsatz der Online-Durchsuchung eine für die Beteiligten (Polizei, Staatsanwaltschaft, Ermittlungsrichter) handhabbare, einheitliche Begrifflichkeit vorherrschen. Nur so lässt sich verhindern, dass bereits bei den Überlegungen im Vorfeld für einen möglichen Einsatz einer Online-Durchsuchung Unklarheiten über ihre Anwendungsvoraussetzungen aufkommen. Dies dient nicht zuletzt dem verfahrensrechtlichen Grundrechtsschutz der von der Maßnahme Betroffenen.

III. Schutzpflichten

1. Allgemeines

Neben der klassischen Funktion der Grundrechte als Abwehrrechte des Bürgers gegen den Staat[217] begründen sie auch eine grundrechtliche Schutzpflicht des Staates: er ist verpflichtet, die in den Grundrechten gewährleisteten Rechtsgüter gegen Beeinträchtigungen Dritter – insbesondere andere Private – zu schützen.[218] Diese Pflicht erfüllt der Staat durch Gesetzgebung, Rechtsprechung und Verwaltung.[219] Dem Staat kommt jedoch bei der Erfüllung der Schutzpflichten ein weiter Einschätzungs-, Wertungs- und Gestaltungsbereich zu, der nur einer eingeschränkten Kontrolle des *BVerfG* hinsichtlich des Untermaßverbotes unterliegt.[220]

---

216 So auch *Britz*, DÖV 2008, 411 (415).

217 *Maurer*, Staatsrecht I, § 9 Rn. 23.

218 *Maurer*, a.a.O., Rn. 25.

219 *Hufen*, Staatsrecht II, § 5 Rn. 5.

220 *Hopfauf*, in: *Schmidt-Bleibtreu/Klein*, GG, Einl. Rn. 142.

2. *Zivilrechtlicher Schutz der Integrität informationstechnischer Systeme durch § 823 Abs. 1 BGB ?*

Durch das neue Grundrecht wird die Integrität informationstechnischer Systeme geschützt (zu dem Begriff siehe oben B.I.1), so dass auch die in solchen Systemen gespeicherten Daten vom Schutz umfasst sind.[221] Daraus folgt die Überlegung, ob das neue Grundrecht zu einer allgemeinen Schutzpflicht des Staates für die Integrität informationstechnischer Systeme – und dabei insbesondere der Integrität des eigenen Datenbestandes – führt.

Zwar werden Datenbanken urheberrechtlich gemäß §§ 87a ff. UrhG geschützt und Datenträger fallen unter den Eigentumsbegriff des § 823 BGB. Aber die Einbeziehung der Daten*integrität* in den Schutzumfang des § 823 BGB wird bisher nur vereinzelt anerkannt.[222] Die in Dateien repräsentierten Informationen als solche sollen jedoch wegen ihrer immateriellen Natur nicht Schutzgüter einer Norm gegen die Beschädigung materieller Substanz sein können.[223] Bejaht wird eine Eigentumsverletzung daher nur insofern, als der Eigentümer des Daten*trägers* mit diesem auf Grund des Datenverlustes nicht mehr seinem Wunsch entsprechend verfahren kann.[224] Dadurch werden solche eigenen Datenbestände nicht geschützt, die auf fremden Servern gelagert sind und auf die der Nutzer nur einen schuldrechtlich gewährten Zugang hat.[225] Jedoch kann die Störung der auf jeder Festplatte herrschenden inneren Ordnung der gespeicherten Daten und der damit einhergehende Verlust der Daten zu einer Verletzung der „Daten"-Integrität führen.[226]

Der objektive Rechtsgehalt des neuen Grundrechts sollte im Privatrecht durch den Gesetzgeber sorgfältig ausgestaltet werden.[227] Dies würde auch der wirtschaftlichen Bedeutung entsprechen, die den Dateiinhalten als solchen zukommen kann.[228] Daher ist die Anerkennung des Rechts am eigenen Datenbestand als ungeschriebenes „sonstiges Recht" i.S.d. § 823 Abs. 1 BGB zu erwägen. Deliktische Eingriffe könnten so unmittelbar als Verletzung des Rechts an den eigenen Datenbeständen schadensersatzpflichtig werden, ohne dass es des dogmatisch zweifelhaften Konstrukts über die Perpetuierung der Daten auf dem *eigenen* Datenträger bedürfte.

---

221 *BVerfG* (o. Fußn. 15), Absatz-Nr. 240.
222 *Spindler*, in: *Bamberger/Roth*, BGB, § 823 Rn. 93; *Spindler*, NJW 2004, 3145 (3146).
223 *OLG Karlsruhe*, NJW 1996, 200 (201); *LG Konstanz*, NJW 1996, 2662.
224 *OLG Karlsruhe*, ebda.
225 *Spindler*, in: *Bamberger/Roth*, BGB, § 823 Rn. 93.
226 *Spindler*, NJW 2004, 3145 (3146); *ders.* NJW 1999, 3737 (3738).
227 So bzgl. Fragen zu Internet und Arbeitsplatz auch *Härting*, BB 12/2008, M1.
228 *Meier/Wehlau*, NJW 1998, 1585 (1589).

Ein deutlicheres Zeichen würde der Gesetzgeber durch Einführung der „eigenen Daten“ als geschriebenes Schutzgut in § 823 Abs. 1 BGB setzen.

3. Private Ausforschung der Kommunikation als Gefahr ?

Eine andere Art der Online-Durchsuchung wird durch die immer weiter zunehmende Verwendung des Internet durch Private und Unternehmen (zu den Zahlen siehe oben unter A.) möglich. Dabei entstehen Datenspuren, die nachvollzogen werden können (bspw. durch sog. „Cookies“[229]). Aber auch die freiwillige Preisgabe von personenbezogenen Daten im Internet nimmt zu, z.B. durch umfangreiche Eintragungen ganzer Lebensläufe und Kontaktadressen in sog. „Social Networks“[230]. Ob die daraus möglicherweise entstehenden Gefahren zu einer Schutzpflicht des Staates führen, erscheint jedoch fraglich. Zum einen werden die Daten in großem Umfang von den Nutzern freiwillig preisgegeben. Zum anderen stehen – im Internet – Anleitungen parat, wie auch technische Laien die übermäßige unfreiwillige Preisgabe von Daten beim surfen im Internet verhindern können. Letztlich ist der Staat bereits in Form der Datenschutzgesetze tätig geworden. Die Frage der Effektivität der Durchsetzung des Datenschutzrechts kann hier nicht erörtert werden, stellt aber zumindest einen zu beachtenden Aspekt dar.

4. Schutz des virtuellen Raumes

Es ist weiter zu überlegen, ob über den Schutz des informationstechnischen Systems auch ein allgemeiner staatlicher Schutz des virtuellen Raums erforderlich ist. In virtuellen „Zweitwelten“, wie zum Beispiel „Second Life“[231], entwickeln sich Parallelwelten, die aber mit der realen Welt notwendig verbunden sind.[232] Schon wird gefragt, ob weiterhin in den virtuellen Welten auf Regelungen und

---

229 Dabei handelt es sich um einen Eintrag in die Datei eines PCs, die u.a. von Webseiten (vorwiegend Online-Shops) vorgenommen werden, um den Nutzer wieder erkennen zu können.

230 Siehe dazu bspw. Xing (http://www.xing.com/), StudiVZ (http://www.studivz.net/) oder Facebook (http://de-de.facebook.com/) (Stand jeweils: 12.07.2008).

231 Betreiber ist Linden Research, Inc., San Francisco, USA; Zugang über http://de.secondlife.com/ (Stand: 12.07.2008).

232 *Habel*, MMR 2008, 71.

Verhaltensweisen verzichtet werden kann, die in der realen Welt selbstverständlich sind, wie bspw. KFZ-Kennzeichen oder Ausweispapiere zur Identifikation.[233]

Ob solche Regelungen wirklich notwendig sind, sei dahingestellt. Zu beachten ist jedoch, dass der Staat auch im virtuellen Raum den Schutz der Grundrechte zu achten hat und nicht seinerseits die Anonymität ausnutzen darf, um so unter Umgehung der normierten Eingriffsbefugnisse zu agieren.

IV. Auswirkungen des neuen Grundrechts

Das neue Grundrecht auf Gewährleistung der Vertraulichkeit und Integrität zeigt bereits erste Auswirkungen in den diversen Gesetzentwürfen zur Einführung der Online-Durchsuchung und der Quell-TKÜ. Aber auch darüber hinaus verdient es Beachtung.

1. Gesetzliche Einführung der Online-Durchsuchung

a) BKAG

Mit dem Entwurf eines Gesetzes zur Abwehr von Gefahren des internationalen Terrorismus durch das Bundeskriminalamt[234], soll gemäß § 20k BKAG-E ein „Verdeckter Eingriff auf informationstechnische Systeme" ermöglicht werden. Nicht eröffnet werden soll dadurch der Zugriff auf am Computer angeschlossene Kameras oder Mikrofone.[235] Gestattet werden soll aber der Einsatz von Keyloggern (dazu siehe oben B.II.1.c).[236] Der Entwurf setze die vom *BVerfG* vorgegebenen strengen Voraussetzungen um, unter denen der durch die Online-Durchsuchung erfolgende Eingriff in das Grundecht auf Gewährleistung der Vertraulichkeit und Integrität informationstechnischer Systeme gerechtfertigt sei.[237]

Die Begründung des Entwurfes enthält leider keine erläuternden Ausführungen, wie bspw. die Ausgestaltung der technischen Sicherung gegen die Erhebung kernbereichsrelevanter Daten aussieht, bzw. wer die gegebenenfalls doch erforderliche Löschung von Daten mit Kernbereichsbezug vornehmen wird.

---

233 *Gatzke*, Kriminalistik 2007, 356 (360).
234 BT-Drs. 16/9588 v. 17.06.2008.
235 BT-Drs. 16/9588, S. 70.
236 BT-Drs. 16/9588, S. 72.
237 BT-Drs. 16/9588, S. 71.

b) Landesrecht: Bayern

Der Gesetzentwurf der bayerischen Staatsregierung zur Änderung des bayerischen Verfassungsschutzgesetzes[238] sieht vor, dem Landesamt für Verfassungsschutz gemäß Art. 6e BayVerfSchG-E die „verdeckte Online-Datenerhebung“ zu ermöglichen. Das Änderungsgesetz ist vom Bayerischen Landtag am 03.07.2008 beschlossen worden.[239] Damit ermächtigt Bayern als erstes Bundesland seine Sicherheitsbehörden zu Online-Durchsuchung unter Berücksichtigung der Vorgaben des *BVerfG*.

c) Online-Durchsuchung für Zwecke der Strafverfolgung

Eingriffe in das neue Grundrecht hält das *BVerfG* auch zu repressiven Zwecken für rechtfertigbar.[240] Das eröffnet die Möglichkeit der Einführung der Online-Durchsuchung für Zwecke der Strafverfolgung.

Fraglich ist aber der strafprozessuale, notwendig gerichtsverwertbare Beweiswert einer Online-Durchsuchung. Eine Online-Durchsuchung beginnt mit der Infiltration des Systems und der Installation der Angriffssoftware (siehe dazu oben B.II.1), also bereits einer ersten Veränderung des zu untersuchenden Rechners. Während des Betriebs sei ein exklusiver Zugriff durch die Ermittler technisch nicht sicherzustellen, so dass regelmäßig die Echtheit der übertragenen Daten anzuzweifeln sei, da sie nicht die Anforderungen sachverständiger Gutachter im Rahmen einer forensischen Analyse erfülle.[241] Der gesamte Datenbestand des infiltrierten Rechners könne also durch den Einsatz des Trojaners irreversibel verändert werden, so dass die gerichtliche Verwertbarkeit der erlangten Daten zweifelhaft werde.[242]

Nach Ansicht des *BVerfG* folgt jedoch aus den Schwierigkeiten der Beweissicherung nicht notwendig ein geringerer Beweiswert.[243]

---

238 LT-Drs. 15/10313 v. 01.04.2008.

239 LT-Drs. 15/10999 v. 03.07.2008.

240 *BVerfG* (o. Fußn. 15), Absatz-Nr. 207.

241 *Hansen/Pfitzmann/Roßnagel*, Online-Durchsuchung, Teil 1 Abs. 3.

242 *Hirsch*, NJOZ 2008, 1907 (1912).

243 *BVerfG* (o. Fußn. 15), Absatz-Nr. 223.

d) Folgerungen

Die Einführung der heimlichen Online-Durchsuchung als polizeiliches Mittel der Datenerhebung – eine nachrichtendienstlich anmutende, auf längerfristige Datensammlung angelegte High-Tech-Methode als Maßnahme für die Gefahrenabwehrbehörden? Auf den ersten Blick mag das kaum zusammenpassen. Jedoch: Aufgaben und Befugnisse der Sicherheitsbehörden haben sich angeglichen; die Grenzen zwischen Strafverfolgung, Gefahrenabwehr und vorbeugender Verbrechensbekämpfung verschwimmen, nicht zuletzt wegen eines fehlenden Gleichklangs der Eingriffsnormen in den verschiedenen Rechtsgebieten.[244] Das „Trennungsgebot" von Nachrichtendiensten und Polizei, entstanden nach 1945 im Hinblick auf die negativen Erfahrungen mit der sog. „Geheimen Staatspolizei" während der nationalsozialistischen Diktatur[245], verfassungsrechtlich in Art. 87 Abs. 1 S. 2, 73 Nr. 10 GG und dem Grundrecht auf informationelle Selbstbestimmung[246], sowie einfachgesetzlich in § 8 Abs. 3 BVerfSchG[247] begründet, hat zum Ziel: polizeiliche Befugnisse sollen auf den Bereich der Gefahrenabwehr und die Aufklärung von Straftaten begrenzt und damit aus dem „Vorfeld" herausgehalten werden, das von den Nachrichtendiensten mit deren eng begrenzten Mitteln aufgeklärt wird.[248]

Das dieses Trennungsgebot faktisch noch Bestand hat, darf bezweifelt werden. Denn es hindert Polizei und Nachrichtendienste nicht an der täglichen Zusammenarbeit im Gemeinsamen Terrorismusabwehrzentrum (GTAZ) und dem Gemeinsamen Internetrecherche Zentrum (GIZ), sowie der gemeinsamen Speicherung von Daten in der Anti-Terror-Datei.[249] Zwar wird angemerkt, dass die Tatsache der Trennung staatlicher Behörden nicht besage, dass sie nicht zusammenarbeiten dürften, sondern lediglich die Art und Weise der Zusammenarbeit vorbestimme.[250] Jedoch ist gerade das „Wie" der Zusammenarbeit im föderalistischen Staat, mit Landes- und Bundespolizei, Landes- und Bundesämtern für Verfassungsschutz, etc. schwierig.

Ein Beispiel: gemäß § 31 Abs. 1 POG RLP darf die Polizei die Telekommunikation überwachen, soweit die Datenerhebung zur Abwehr einer gegenwärtigen Gefahr für Leib oder Leben einer Person zwingend erforderlich ist. Die daraus

---

244 *Gatzke*, Kriminalistik 2007, 356 (358).

245 Ausführlich *Denninger*, ZRP 1981, 231.

246 *Denninger*, ZRP 1981, 231 (232); *Gusy*, ZRP 1987, 45.

247 „Polizeiliche Befugnisse oder Weisungsbefugnisse stehen dem Bundesamt für Verfassungsschutz nicht zu; [...]."

248 *Gusy*, ZRP 1987, 45 (48).

249 *Gatzke*, Kriminalistik 2007, 356 (357).

250 *Gusy*, ZRP 1987, 45 (49).

gewonnenen Daten, die zum Zweck der Gefahrenabwehr erhoben wurden, dürfen gemäß § 33 Abs. 2 S. 3 POG RLP für Zwecke der Strafverfolgung nach Maßgabe der StPO gespeichert und genutzt werden. Jedoch setzt die TKÜ gemäß § 100a Abs. 1 stopp voraus, dass an Hand begründeter Tatsachen jemand als Täter oder Teilnehmer einer Katalogstraftat nach Abs. 2 in Betracht kommt, diese Tat schwer wiegt und andere Methoden die Sachverhaltsermittlung wesentlich erschweren oder vereiteln würden. Jetzt stellt sich die Frage, wie zu verfahren wäre, wenn bei der polizeilichen TKÜ Informationen über Katalogstraftaten des § 100a Abs. 2 StPO sowie über sonstige Straftaten erfasst wurden. Soll hier die Polizei bei der Erfassung der Daten die eigenen Erkenntnisse filtern, soll sie verschiedene Datensätze anlegen, wie ist in Zweifelsfällen zu verfahren, etc? Diese Arbeit kann nicht weiter auf die rechtstatsächliche Behandlung dieses Problems eingehen.[251] Jedoch kann dieses Beispiel das Dilemma der Datensammlung und -speicherung verschiedener Behörden aufzeigen.

Bedrohungen des Staates, von innen oder außen, richten sich regelmäßig nicht nach der sachlichen oder funktionalen Zuständigkeit oder Kompetenz von Behörden aus. Ob es daher, wie bereits gefordert, zu einer Auflösung des traditionellen Polizeirechts zu Gunsten eines umfassenderen „Vorfeldkonzepts“ kommt[252], bleibt abzuwarten. Zu bedenken ist aber die Möglichkeit, durch eine Vereinheitlichung des Polizei- und Sicherheitsrechts in einem rechtlich unübersichtlichen Sachgebiet wieder eine nachvollziehbare Ordnung zu schaffen, die nicht zuletzt auch dem (Rechts-)Schutz des Bürgers dient: der Staat erfüllt damit zunächst seine „Staatsaufgabe Sicherheit“[253] und kann die Rechtsgüter seiner Bürger möglicherweise sogar effizienter schützen. Und weiter könnte der Einzelne erkennen, welche Rechte den jeweiligen Behörden zustehen und wie er effektiven Rechtsschutz erlangen kann. Letztlich käme diese Transparenz der Verfahren auch dem Grundrechtsschutz zu Gute.

---

251 Ausführlich zur polizeilichen Datenverarbeitung nach Polizei- und Prozessrecht *Siebrecht*, JZ 1996, 711.

252 *Gatzke*, Kriminalistik 2007, 356 (362).

253 Terminologie bei *Gusy*, DÖV 1996, 573 (574 ff.).

2. *Richtervorbehalt als verfahrensrechtliche Absicherung*

Vom *BVerfG* wird zur verfahrensrechtlichen Absicherung der Interessen der von einer Online-Durchsuchung Betroffenen verlangt, die Maßnahme unter den Vorbehalt richterlicher Anordnung zu stellen.[254] Nur so könne eine kompensatorische Repräsentation der Interessen des Betroffenen gewährleistet werden, die dieser auf Grund der Heimlichkeit der Maßnahme vorab nicht wahrnehmen könne.[255] Der Bundesgesetzgeber hat den Richtervorbehalt bei der Online-Durchsuchung in § 20k Abs. 5 S. 1 BKAG-E vorgesehen.

An der Rechtsschutzfunktion des Richtervorbehalts erwachsen jedoch erhebliche Zweifel. Dies zeigen insbesondere diverse empirische Untersuchungen am Beispiel der – ebenfalls heimlichen – Telekommunikationsüberwachung, wonach die Überprüfungsfunktion kaum wahrgenommen wird.[256] Weiterhin zeigt sich in der gesetzlich regelmäßig eingeräumten Möglichkeit, bei Gefahr im Verzug ausnahmsweise eine Maßnahme auch ohne Richtervorbehalt durchführen zu können, ein zusätzliches strukturelles Defizit des Richtervorbehalts.[257] Nach einer Ansicht soll der Richtervorbehalt auch gar keine Kontrolle der Exekutive i.S.d. Art. 19 Abs. 4 GG darstellen, sondern nur eine „gewisse Kompetenz bei der Anordnung von Maßnahmen" sicherstellen.[258]

Auch § 20k Abs. 5 S. 2 BKAG-E sieht eine Ausnahme vom Richtervorbehalt vor. Fraglich ist also, ob der Richtervorbehalt überhaupt die vom *BVerfG* erwartete verfahrensrechtliche Absicherung der Betroffenen erreichen kann. Der Empirie nach ist dies nicht der Fall. Daher sollte der durch Richtervorbehalt gewährte Rechtsschutz durch andere, wirksamere Mechanismen ersetzt werden.[259] In der österreichischen Diskussion wird – zusätzlich zum Richtervorbehalt in Form eines „höheren Richtergremiums" – vorgeschlagen, die Rechtsentscheidungen zu den geheimen Überwachungen nach Beendigung der Maßnahme anonymisiert zu veröffentlichen, so dass sie damit der wissenschaftlichen Öffentlichkeit zugänglich wären, die sie diskutieren und evaluieren könnte.[260] Dies ist eine Alternative, die der Gesetzgeber auch in Deutschland bedenken sollte. Ein Richtergremium statt eines einzelnen Ermittlungsrichters wäre gerade bei einer Maßnahme, bei der wie bei der

---

254 *BVerfG* (o. Fußn. 15), Absatz-Nr. 257.

255 *BVerfG* (o. Fußn. 15), Absatz-Nr. 258.

256 So im Ergebnis *Backes/Gusy*, StV 2003, 249 (253).

257 *Brüning*, ZIS 2006, 29, (32).

258 *Rabe von Kühlewein*, Richtervorbehalt, S. 447.

259 *Brüning*, ZIS 2006, 29.

260 *Interministerielle AG*, Schlussbericht, S. 92.

Online-Durchsuchung geradezu mit der Verletzung des Kernbereichs der privaten Lebensgestaltung gerechnet wird, vorzugswürdig. Und eine breite wissenschaftliche Auswertung und Diskussion der Maßnahme ist trotz der weiten staatlichen Einschätzungsprärogative zur Erforderlichkeit der Maßnahme wünschenswert. Denn sollte sich die Online-Durchsuchung als nutzlose Maßnahme herausstellen, etwa weil sie technisch einfach abgewehrt werden kann (siehe dazu oben B.II.3), müsste der Gesetzgeber die Beibehaltung einer Maßnahme, die Grundrechtseingriffe hoher Intensität ermöglicht, neu rechtfertigen.

3. Mögliche Kostenlast der Online-Durchsuchung

Bei den Maßnahmen der Telekommunikationsüberwachung und der Vorratsdatenspeicherung sind die Behörden auf die Mitwirkung der entsprechenden Provider angewiesen. Daher sind die Unternehmen gemäß §§ 110, 111 113a TKG gesetzlich dazu verpflichtet worden, technische Einrichtungen zur Umsetzung der gesetzlich vorgesehenen Maßnahmen der TKÜ, der Auskunftsverfahren der §§ 112, 113 TKG und der Speicherungspflicht für Verkehrsdaten auf eigene Kosten bereitzustellen und zu erhalten. Bereits durch die Erfüllung der Auflagen für Maßnahmen zur TKÜ seien den Unternehmen im Zeitraum 1999 bis Mitte 2003 für technische Investitionen und organisatorische Maßnahmen Kosten in Höhe von € 200.000 bis hin zu dreistelligen Millionenbeträge entstanden.[261] Durch die Vorratsdatenspeicherung sei von einer möglichen Steigerung der Auskunftsersuchen von bis zu 10.000 pro Jahr auszugehen.[262] Die Entschädigung nach den niedrigen Sätzen des Justizvergütungs- und Entschädigungsgesetz (JVEG) sei unzureichend und entspreche keinesfalls der tatsächlichen Inanspruchnahme der Unternehmen.[263] Derzeit ist ein Gesetzentwurf[264] vorgelegt, mit dem eine „leistungsgerechte Entschädigung" vorgeschlagen wird, die durch Pauschalierungen – aufbauend auf dem Zeitaufwand der Maßnahmen – ausgestaltet werden soll.[265] Jedoch wird darin keine Regelung in Bezug auf die Investitionskosten in technische Anlagen getroffen.

---

261 *BDI*, Pressemitteilung.

262 *BDI*, Stellungnahme, S. 5.

263 Ebda.

264 Entwurf eines Gesetzes zur Neuordnung der Entschädigung von Telekommunikationsunternehmen für die Heranziehung im Rahmen der Strafverfolgung (TK-Entschädigungs-Neuordnungs-gesetz – TKEntschNeuOG).

265 BT-Drs. 16/7103 v. 13.11.2007, S. 1.

Es bleibt abzuwarten, ob der mögliche Einsatz von technischen Mitteln zur Online-Durchsuchung ebenfalls die Mitwirkung und technische Vorhaltung durch die Provider erfordern wird. Jedoch ist bereits jetzt zu bedenken, dass die Verpflichtung privater Dritter, neben den finanziellen Auswirkungen, immer auch eine grundrechtsrelevante Auswirkung auf die Rechte des von der Maßnahme Betroffenen hat. Hier ist zu überlegen, ob nicht die besonders eingriffsintensive Online-Durchsuchung auch technisch in der unmittelbaren Handhabung der Ermittlungsbehörden bleibt. Anders als bei der TKÜ ist bei der Online-Durchsuchung regelmäßig mit der Kenntnisnahme umfangreicherer Daten zu rechnen. Dies sollte nicht unmittelbar über die technische Zwischenschaltung der Provider stattfinden. Soweit dies dennoch unumgänglich sein sollte, ist auch hier die Frage der adäquaten Erstattung der Investitions- und Betriebskosten aufzuwerfen.

V. Rechtsvergleichender Überblick zur Online-Durchsuchung

Nachfolgend wird ein Überblick über die – bereits erfolgte oder in der Diskussion befindliche – rechtliche Ausgestaltung und mögliche Einschränkung der Online-Durchsuchung im Ausland gegeben, soweit belastbare Quellen recherchiert werden konnten.

1. Schweiz

Bereits im Juli 2006 wurde ein sog. „Vernehmlassungsentwurf"[266] zur Revision des Bundesgesetzes über die „Massnahmen zur Wahrung der inneren Sicherheit (BWIS)" vom Eidgenössischen Justiz- und Polizeidepartement vorgelegt, der nach Bekanntgabe des Ergebnisberichts zur Vernehmlassung[267] zum Juni 2007 in leicht veränderter Form vorliegt.[268] So soll nach Art. 18m E-BWIS die heimliche Durchsuchung eines gegen Zugriff besonders gesicherten Datenverarbeitungssystems möglich werden, sofern konkrete und aktuelle Tatsachen oder Vorkommnisse vermuten lassen, dass das System von einem mutmaßlichen Gefährder benutzt wird.

---

266 Entwurf und erläuternder Bericht zum Bundesgesetz über Massnahmen zur Wahrung der inneren Sicherheit (Besondere Mittel der Informationsbeschaffung) v. 05.07.2006, abrufbar unter http://www.admin.ch/ch/d/gg/pc/documents/1391/Bericht.pdf (Stand: 12.07.2008).

267 Ergebnisbericht v. 30.01.2007, abrufbar unter http://www.news-service.admin.ch/NSBSubscriber/message/attachments/8040.pdf (Stand: 12.07.2008).

268 Abrufbar unter http://www.admin.ch/ch/d/ff/2007/5139.pdf (Stand: 12.07.2008).

Dabei soll es sich nach Art. 2 Abs. 4 Bst. b^{bis} um eine „vorbeugende Massnahme“ handeln.

Dabei fällt zunächst auf, dass – im Gegensatz zum deutschen Ansatz – ein konkreter Verdacht der Begehung einer Straftat nicht Voraussetzung des Eingriffs sein soll, sondern vielmehr die Tatsache ausreicht, dass das System von einer verdächtigen Person genutzt wird. Dies wäre mit den deutschen Vorgaben, die das Grundrecht auf Gewährleistung von Vertraulichkeit und Integrität informationstechnischer Systeme in Bezug auf die erforderliche Gefahr aufstellt, nicht zu vereinbaren (siehe oben II.2.c)). Die Durchführung der Maßnahme soll passiven Charakter haben, d.h. der Eingriff in das System soll nicht dazu führen, dass es funktionsuntüchtig werde oder Daten vernichtet würden.[269] Dies entspricht dem auch vom deutschen Grundrecht geforderten Integritätsschutz der Daten.

Nach Art. 13 Bundesverfassung der Schweizer Eidgenossenschaft (BV) hat „jede Person [...] Anspruch auf Achtung ihres Privat- und Familienlebens, ihrer Wohnung sowie ihres Brief-, Post- und Fernmeldeverkehrs“ und „jede Person hat Anspruch auf Schutz vor Missbrauch ihrer persönlichen Daten“. Die nach Art. 18m E-BWIS zu ermöglichende Maßnahme der Durchsuchung eines Datenverarbeitungssystems würde mithin eine schwerwiegende Einschränkung der Privatsphäre darstellen. Eine solche müsste gemäß Art. 36 BV „durch ein öffentliches Interesse oder durch den Schutz von Grundrechten Dritter“ gerechtfertigt und verhältnismäßig sein. Ein öffentliches Interesse an der Durchführung der Maßnahme wird mit der Bedrohungslage der Schweiz im Bereich terroristischer Aktivitäten begründet.[270] Für die Wahrung der Verhältnismäßigkeit spreche, dass nur Datenverarbeitungssysteme durchsucht werden sollen, nicht aber Räume oder Fahrzeuge.[271] Dies entspricht einer auch in der deutschen Diskussion geäußerten Ansicht, die heimliche Online-Durchsuchung sei gegenüber der „klassischen“ Durchsuchung der Wohnung und Beschlagnahme des PCs die mildere Maßnahme, da gerade nicht in die durch räumliche Abschottung begründete private Lebenssphäre des Betroffenen eingedrungen werden müsse.[272]

Es zeigt sich also, dass auch in der Schweiz bei der Frage, wie der durch die Online-Durchsuchung ermöglichte Eingriff in die Grundrechte zu rechtfertigen ist, erhebliche rechtliche Hürden zu überwinden sind.

---

269 Entwurf und erläuternder Bericht (o. Fußn. 266), S. 61.
270 Entwurf und erläuternder Bericht (o. Fußn. 266), S. 32.
271 Entwurf und erläuternder Bericht (o. Fußn. 266), S. 61.
272 *Hofmann*, NStZ 2005, 121 (124).

2. *Österreich*

Die österreichische Rechtsordnung ist der deutschen ähnlich, daher wird nachfolgend ein ausführlicherer Überblick über die dortigen rechtlichen Probleme der von politischer Seite gewünschten[273] Online-Durchsuchung gegeben. Darüber hinaus ist dort die Diskussion zentral gebündelt und institutionalisiert worden, indem eine interministerielle Arbeitsgruppe (AG) „Online-Durchsuchung" der Bundesministerien für Justiz und für Inneres eingesetzt wurde, um die rechtlichen Fragen, die technischen Voraussetzungen und die Weiterentwicklung des rechtlichen Kontrollinstrumentariums zu klären.[274]

Im Schlussbericht der AG vom 09.04.2008 wird zunächst festgestellt, dass die bestehenden Eingriffsermächtigungen des Strafverfahrensrechts keine taugliche Grundlage für eine Online-Durchsuchung böten.[275] Grund dafür sei, dass auch das Bild der österreichischen StPO von einer ordnungsgemäßen Durchsuchung – gleich dem der deutschen – davon geprägt sei, dass die Ermittlungsorgane am Ort der Durchsuchung körperlich anwesend sind und die Ermittlungen offen legen.[276] Weiter ergäben sich weder aus den sicherheitspolizeilichen Regelungen[277] eine Grundlage für eine präventive Online-Durchsuchung[278], ebenso wenig wie aus dem Militärbefugnisrecht[279]. Damit stellt sich die österreichische Rechtslage de lege lata vergleichbar mit der in Deutschland dar.

Das Urteil des deutschen *BVerfG* zur Online-Durchsuchung soll für die weitere Rechtsentwicklung und Diskussion in Österreich „einen festen verfassungsrechtlichen Bezugspunkt mit dogmatischer Signalfunktion und großer semantischer und pragmatischer Bedeutung" darstellen.[280] Die Grundrechte der österreichischen Verfassung seien ähnlich denen des Grundgesetzes ausgestaltet, so dass ein grundrechtlicher Anspruch auf Gewährleistung der Vertraulichkeit und Integrität informationstechnischer Systeme auch nach geltendem österreichischem Verfassungsrecht begründbar wäre.[281]

---

273 Meldungen bei derStandard.at v. 06.09.2007 und 27.09.2007.

274 *Interministerielle AG*, Schlussbericht, S. 6.

275 *Interministerielle AG*, Schlussbericht, S. 33.

276 *Interministerielle AG*, Schlussbericht, S. 20-21.

277 Geregelt im Sicherheitspolizeigesetz (SPG).

278 *Interministerielle AG*, Schlussbericht, S. 44.

279 Geregelt im Militärbefugnisgesetz (MBG); *Interministerielle AG*, Schlussbericht, S. 55.

280 *Interministerielle AG*, Schlussbericht, S. 64.

281 Ebda.

Über die auch in Deutschland von einer Online-Durchsuchung betroffenen Grundrechte hinaus wäre in Österreich jedoch noch ein weiteres, grundrechtlich geschütztes Recht durch die Maßnahme berührt. Denn abweichend von der deutschen Rechtsordnung existiert in Österreich über den in Verfassungsrang stehenden § 1 DSG 2000[282] auch ein Grundrecht auf Datenschutz. § 1 Abs. 1 S. 1 DSG 2000 lautet:

> „Jedermann hat, insbesondere auch im Hinblick auf die Achtung seines Privat- und Familienlebens, Anspruch auf Geheimhaltung der ihn betreffenden personenbezogenen Daten, soweit ein schutzwürdiges Interesse daran besteht."

Ein Eingriff in das Grundrecht auf Datenschutz darf gemäß § 1 Abs. 2 DSG 2000 nur im „lebenswichtigen Interesse", mit Zustimmung des Betroffenen oder „im überwiegenden Interesse eines anderen" erfolgen. Die Online-Durchsuchung würde also zudem einen schwerwiegenden Eingriff in das Grundrecht auf Datenschutz darstellen, so dass die einfachgesetzliche Einführung einer solchen Maßnahme auch diesbezüglich gerechtfertigt sein müsste.[283] Sofern die einfachgesetzliche Ermächtigung zur Durchführung von Online-Durchsuchungen erlassen würde, müssten somit umfangreiche flankierende Instrumente des Rechtsschutzes und der Kontrolle weiterentwickelt, respektive geschaffen werden, und bei der Durchführung müsste darauf geachtet werden, dass Authentizität und Integrität der Daten sowohl in technischer als auch rechtlicher Hinsicht gesichert werden.[284]

3. Niederlande

In den Niederlanden wurde bereits mit dem „Wet op de Inlichtingen- en Veiligheidsdiensten (Wiv 2002)" [Intelligence and Security Services Act 2002][285] vom 07.02.2002, zuletzt geändert am 02.11.2006, die Online-Durchsuchung gemäß Art. 24 Wiv 2002 ermöglicht. Danach sind die in Art. 1 Lit. a Wiv 2002 aufgeführten Dienste (General Intelligence and Security Service, Defence Intelligence and

282 Bundesgesetz über den Schutz personenbezogener Daten (Datenschutzgesetz (DSG) 2000), BGBl. I Nr. 165/1999, zuletzt geändert durch BGBl. I Nr. 13/2005.

283 *Interministerielle AG*, Schlussbericht, S. 74-75.

284 *Interministerielle AG*, Schlussbericht, S. 92.

285 Act of 7 February 2002, providing for rules relating to the intelligence and security services and amendment of several acts (Intelligence and Security Services Act 2002), as amended by the Act of 2 November 2006 (Bulletin of Acts, Orders and Decrees 2006, 574), abrufbar unter http://www.minbzk.nl/aspx/download.aspx?file=/contents/pages/87472/intelligenceandsecurityservicesact2002_2006_bm.pdf (Stand: 12.07.2008).

Security Service) autorisiert, Anlagen zur automatischen Datenverarbeitung zu infiltrieren, Art. 24 Abs. 1 Wiv 2002. Dazu können Sicherungsmechanismen umgangen werden, kryptierte Daten decodiert werden und die im System gespeicherten oder verarbeiteten Daten gespeichert werden, Art. 24 Abs. 1 Lit. a-c Wiv 2002.

Die Sicherheitsdienste sind auch ermächtigt, die über die Datenverarbeitungsanlagen geführte Kommunikation (VoIP) zu überwachen und auch hierzu sofern erforderlich, die Verschlüsselung zu überwinden, Art. 25 Abs. 1 Wiv 2002.

4. Frankreich

Mit dem Gesetz Nr. 2003-239 zur inneren Sicherheit vom 18.03.2003[286] wurden diverse Normen der Strafprozessordnung[287] geändert. Danach ist jetzt der direkte Zugriff auf Informationssysteme erlaubt. Ein Grundrecht auf Privatheit bzw. Privatleben (droit à la vie privée), das im vorliegenden Fall einschlägig sein könnte, ist in der französischen Verfassung nicht explizit verankert.[288] Jedoch hat der Verfassungsrat (Conseil Constitutionnel), der einem Verfassungsgericht vergleichbare Aufgaben wahrnimmt, in einer Entscheidung aus dem Jahr 1995 dem ‚Recht auf Privatleben' Verfassungsrang eingeräumt.[289]

5. USA

Aus dem 4. Zusatzartikel[290] zur US-Verfassung ergibt sich der Schutz des Einzelnen vor unangemessenen Durchsuchungen und Beschlagnahmen, sofern eine durch die Verfassung geschützte Erwartung der Privatsphäre besteht.[291] In der Folge der Terroranschläge vom 11.09.2001 wurde auf Bundesebene u.a. der sog. U.S.A. Patriot Act of 2001[292] erlassen, der erweiterte Sicherheits- und Überwachungsmaßnahmen vorsieht.[293] Danach können diverse Eingriffe auch ohne oder mit nachträglicher

---

286 Loi n° 2003-239 du 18 mars 2003 pour la sécurité intérieure.

287 Code de procédure pénale.

288 *Barton/Weißnicht*, MMR 2008, 149.

289 Conseil Constitutionnel, Décision n° 94-352 v. 18.01.1995, abrufbar unter http://www.Conseil-constitutionnel.fr/decision/1994/94352dc.htm (Stand: 12.07.2008).

290 4th Amendment, als Bestandteil der ‚Bill of Rights' am 15.12.1791 ratifiziert.

291 Siehe Entscheidung *Katz vs. United States*, 389 U.S. 347, 88 S.Ct. 507.

292 Pub. L. No. 107-56, 115 Stat. 272 v. 26.10.2001

293 *Hay*, US-Recht, Rn. 711.

richterlicher Genehmigung erfolgen, auch wenn grundsätzlich elektronische Überwachungsmaßnahmen trotz physischen Nichteindringens in die Privatsphäre in den Geltungsbereich des 4. Zusatzartikels fallen.[294] Gemäß 18 U.S.C. 2703 (Requirements for Governmental Access) können die Ermittlungsbehörden den Inhalt elektronischer Kommunikation in elektronischen Speichern und „in a remote computing service“ zur Kenntnis nehmen; dabei handelt es sich jedoch eher um eine Variante der E-Mail-Überwachung, als um eine Ermächtigung zur Durchführung der Online-Durchsuchung wie sie derzeit in Deutschland diskutiert wird.

In einem Verfahren[295] vor dem Berufungsgericht für die neunte Region wurde zwar ein Sachverhalt verhandelt, bei dem ein PC infiltriert[296] wurde um dadurch festzustellen, ob es sich dabei um den Rechner handelte, von dem eine Gefahr für ein Serversystem einer Universität ausging. Da jedoch die Maßnahme nicht für Zwecke der Strafverfolgung durchgeführt wurde und der Betroffene mit seinem vorangegangenen Verhalten gegen die Nutzungsordnung des Internetzugangs der Universität verstoßen hatte, wurde festgestellt, dass ein richterlicher Durchsuchungsbeschluss (search warrant) nicht erforderlich war, da der die Maßnahme Durchführende ein Angehöriger der Universität und nicht einer der Strafverfolgungsbehörden war. Daher war die Maßnahme letztendlich nicht verfassungswidrig.[297] Aus dieser Aussage des Gerichts ist zu schließen, dass den Strafverfolgungsbehörden eine Online-Durchsuchung grundsätzlich auch möglich ist.

6. EU/EG: Primär- und Sekundärrecht

Derzeit besteht weder eine gemeinschaftsrechtliche Regelung der Online-Durchsuchung, noch ist sie – soweit ersichtlich – in Planung. Zwar wird in Art. 69e des Vertrags von Lissabon[298] die Errichtung einer europäischen Staatsanwaltschaft ermöglicht und in Art. 69f des Vertrags wird die (Weiter-) Entwicklung der polizeilichen Zusammenarbeit zwischen den Mitgliedsstaaten zur Aufgabe gemacht. Jedoch

---

294 *Hay*, a.a.O., Rn. 710.

295 *United States v. Heckenkamp*, abrufbar unter http://www.nyls.edu/Include/Media%20Law%20and%20Policy/US%20v.%20Heckenkamp.pdf (Stand: 12.07.2008).

296 „After approx. 15 minutes of looking only in the temporary directory, without deleting, modifying, or destroying any files [...].“, *United States v. Heckenkamp* (o. Fußn. 295), S. 3.

297 „[...] the remote search was not unconstitutional.“, *United States v. Heckenkamp* (o. Fußn.295), S. 7.

298 Vertrag von Lissabon zur Änderung des Vertrags über die Europäische Union und des Vertrages zur Gründung der Europäischen Gemeinschaft.

ist derzeit schon die Zukunft des Vertrages unklar: nachdem zunächst die Wähler in Irland in einem Referendum den sog. EU-Reformvertrag ablehnten[299], hat der *Bundespräsident* die erforderliche Unterschrift der nationalen Ratifikationsurkunde zum Vertrag von Lissabon verweigert.[300]

Bei der gesetzlichen Einführung der Online-Durchsuchung sind weiterhin die Maßgaben zu berücksichtigen, die sich aus der Richtlinie zur Vorratsdatenspeicherung[301] ergeben. Diese ist bereits weitgehend zum 01.01.2008 in nationales Recht umgesetzt worden.[302] Deutschland hat sich jedoch die gemäß Art. 15 Abs. 3 der Richtlinie 2006/24/EG eröffnete Möglichkeit vorbehalten, die Anwendung dieser Richtlinie auf die Speicherung von Kommunikationsdaten betreffend Internetzugang, Internet-Telefonie und Internet-E-Mail bis zum 15.03.2009 zurückzustellen.[303] Gegen die Richtlinie zur Vorratsdatenspeicherung hat Irland bereits am 05.06.2006 vor dem EuGH Nichtigkeitsklage erhoben, über die bisher nicht entschieden wurde.[304] Damit ist die Zukunft der Richtlinie zur Vorratsdatenspeicherung weiter offen.

7. *Exkurs: Das Grundrecht auf Gewährleistung der Vertraulichkeit und Integrität informationstechnischer Systeme im System der verschiedenen Ebenen des europäischen Grundrechtsschutzes*

Der nationale Gesetzgeber hat bei der gesetzlichen Einführung der Online-Durchsuchung neben den nationalen Grundrechten auch weitere Grundrechtsgarantien zu beachten, auf die sich der einzelne Bürger berufen kann. Dabei stellt sich die Frage, wie sich die Grundrechte mehrerer Ebenen zu dem nationalen Grundrecht auf Gewährleistung der Vertraulichkeit und Integrität informationstechnischer Systeme verhalten.

---

299 Tagesschau.de, Meldung v. 13.06.2008, abrufbar unter http://www.tagesschau.de/ausland/irland48.html (Stand: 12.07.2008).

300 Tagesschau.de, Meldung v. 30.06.2008, abrufbar unter http://www.tagesschau.de/inland/koehler142.html (Stand: 12.07.2008).

301 Richtlinie 2006/24/EG v. 15.03.2006, AblEU Nr. L 105 v. 13.04.2006, S. 54.

302 Gesetz zur Neuregelung der Telekommunikationsüberwachung und anderer verdeckter Ermittlungsmaßnahmen sowie zur Umsetzung der Richtlinie 2006/24/EG v. 21.12.2007, BGBl. I, S. 3198.

303 Erklärung Deutschlands gemäß Artikel 15 Absatz 3 der Richtlinie 2006/24/EG, AblEU Nr. L 105 v. 13.04.2006, S. 63.

304 Rs. C-301/06.

a) Charta der Grundrechte der EU[305]

Auch für den deutschen Gesetzgeber sind bei Einführung der Online-Durchsuchung die Rechte zu beachten, die sich für den Einzelnen aus der Charta der Grundrechte der EU[306] ergeben. Diese ist zwar gegenwärtig nicht rechtsverbindlich, soll jedoch künftig gemäß Art. 6 Abs. 1 des Vertrags von Lissabon den gleichen Rang wie das europäische Primärrecht erhalten. Jedoch werden die Grundrechte der Charta bereits jetzt vom EuGH bei seiner Rechtsprechung beachtet.[307]

Maßgeblich sind dabei die Art. 7 (Achtung des Privat- und Familienlebens), Art. 8 (Schutz personenbezogener Daten), Art. 10 (Gedanken-, Gewissens- und Religionsfreiheit), Art. 47 (Recht auf einen wirksamen Rechtsbehelf und ein unparteiisches Gericht) und Art. 48 (Unschuldsvermutung und Verteidigerrechte) der EUGrCh.

b) EMRK[308]

Weiter sind die in der EMRK verbürgten Grundrechte zu beachten, insbesondere die der Art. 6 (Recht auf ein faires Verfahren), Art. 8 (Recht auf Achtung des Privat- und Familienlebens) und Art. 10 (Freiheit der Meinungsäußerung) EMRK.

c) Verhältnis der Grundrechte der verschiedenen Ebenen zueinander

Da Grundrechte damit nicht nur national, sondern auch auf europäischer und internationaler Ebene gewährleistet sind, stellt sich gerade unter Berücksichtigung der Entwicklung des neuen Grundrechts auf Gewährleistung der Vertraulichkeit und Integrität informationstechnischer Systeme, und dessen bereits im Verhältnis zu den nationalen Grundrechten unklarer Abgrenzung des Schutzbereichs, die Frage nach dem Verhältnis der verschiedenen Grundrechtsebenen zueinander. Denn die inhaltlich meist ähnlichen Grundrechte bergen im Kollisionsfall die Gefahr widersprüchlichen Schutzniveaus. Dieses Kollisionsproblem ließe sich recht einfach dadurch beheben, indem ein Rechtsakt immer dann für grundrechtswidrig erachtet würde, sofern er auch nur gegen ein Grundrecht – gleich welcher Ebene – verstößt. Eine ähnlich einfache Lösung brächte die Annahme mit sich, der

305 Vom Europäischen Rat feierlich proklamiert am 07.12.2000, AblEU 2000 Nr. C 364, S. 1.
306 Im Folgenden EUGrCh.
307 *Lindner*, Jura 2008, 401 (402).
308 Konvention zum Schutze der Menschenrechte und Grundfreiheiten v. 04.11.1950, BGBl. 1952 II, S. 686.

„niederrangigeren" Grundrechtsordnung die Geltung bzw. Anwendung abzusprechen und so einen Geltungs- bzw. Anwendungsvorrang der „höherrangigen" Grundrechte zu etablieren.[309] Während jedoch im ersten Fall ein Grundrechtsvorbehalt sämtlicher Grundrechte zu dem Ergebnis führen könnte, dass bspw. die Umsetzung einer europäischen Richtlinie dem Grundrechtsvorbehalt einer Landesverfassung unterfiele, besteht bei der zweiten Alternative die Gefahr, dass gegebenenfalls ein Geltungsverlust eines grundgesetzlich garantierten Grundrechts eintreten würde, was mit Art. 1 Abs. 3 GG nicht zu vereinbaren wäre. Eine gangbare Lösung der Kollisionsfälle lässt sich aber den jeweiligen Grundrechtsnormierungen selber entnehmen, da Art. 142 GG, Art. 53 EUGrCh und Art. 53 EMRK eine Systematik zur Geltungserhaltung bieten.

(1) Nationale Ebenen

Bereits national bestehen zwei Ebenen des Grundrechtsschutzes: die in den Landesverfassungen garantierten Grundrechte und die des Grundgesetzes. Aus Art. 1 Abs. 3 i.V.m. Art. 142 GG ergibt sich, dass die weiterführenden Schutz gewährenden Grundrechte der Landesverfassungen in Kraft bleiben. Diese binden dann jedoch nur den jeweiligen Gesetzgeber des Landes, für das die Landesverfassung Geltungsumfang beansprucht. Sofern das Schutzniveau der Landesverfassung niedriger ist, wird dadurch die Anwendbarkeit weitergehender Grundrechte des GG nicht ausgeschlossen.

(2) EMRK

Nationaler Grundrechtsschutz, der gegenüber dem der EMRK weiterführend ist, bleibt gemäß Art. 53 EMRK unberührt. Wird nur ein geringerer nationaler Grundrechtsschutz gewährt, stellt sich die Frage der Bindungswirkung der EMRK. Diese entspricht, nach der grundsätzlichen Stellung der EMRK in Deutschland, als völkerrechtliche Konvention gemäß Art. 59 Abs. 2 S. 1 GG nur dem eines einfachen Bundesgesetzes. Jedoch hat sich die EMRK in den vergangenen Jahrzehnten als „Dritte Säule" des Grundrechtsschutzes neben den nationalen Grundrechten des GG und der Landesverfassungen, sowie den europäischen Grundrechten etabliert.[310] Nicht zuletzt hat das *BVerfG* auch angemerkt, dass die Bundesrepublik völkerrechtlich dazu verpflichtet sei, den EMRK-Grundrechtsschutz als Mindeststandard zu

---

309 *Lindner*, Jura 2008, 401 (402).

310 *Hufen*, Staatsrecht II, § 3 Rn. 3.

gewährleisten.[311] Die EMRK beeinflusse die Auslegung der Grundrechte, indem sie auf der Ebene des Verfassungsrechts als Auslegungshilfe für die Bestimmung von Inhalt und Reichweite der Grundrechte diene.[312]

(3) EUGrCh

Nach Art. 51 Abs. 1 EUGrCh ist die – rechtlich noch unverbindliche (siehe oben a)) – Charta für die Mitgliedstaaten ausschließlich bei der Durchführung von Unionsrecht anwendbar. Der EuGH misst jedoch auch Maßnahmen der Mitgliedstaaten an den Gemeinschaftsgrundrechten, da die Grundfreiheiten nur dann ihre volle Wirkung entfalten könnten, wenn die Unionsbürger bei deren Wahrnehmung nicht beeinträchtigt würden; ob eine solche Beeinträchtigung vorliegt, sei an den Gemeinschaftsgrundrechten zu messen.[313] Daher kann es auch bei der nationalen Umsetzung der Online-Durchsuchung zu einem Eingriff in die Grundrechte der EUGrCh kommen, so dass eine Kollision des Schutzes nationaler und europäischer Grundrechte denkbar ist. Aus Art. 53 EUGrCh folgt aber, dass im Schutzniveau abweichende Grundrechte anderer Rechtsordnungen in Geltung verbleiben sollen.[314]

d) Grundrechtsschutz in der Rechtsprechung der verschiedenen Ebenen

Zunächst hatte das *BVerfG* in der „Solange II"-Entscheidung[315] seinen Anspruch aufgegeben, Akte des Gemeinschaftsrechts auf ihre Grundrechtskonformität zu überprüfen und festgestellt, dass im Hoheitsbereich der Europäischen Gemeinschaften ein Maß an Grundrechtsschutz erwachsen sei, „das nach Konzeption, Inhalt und Wirkungsweise dem Standard des Grundgesetzes im Wesentlichen gleich zu achten" sei.[316] Im „Maastricht"-Urteil[317] hat das Gericht dann betont, dass es mit dem EuGH und dem EGMR auf europäischer Ebene beim Schutz der Grundrechte ein Kooperationsverhältnis ausüben werde.[318] Grundrechtsträger können sich dadurch faktisch nicht mehr vor dem *BVerfG* gegen Verstöße der EU und auf

311 *BVerfGE* 111, 307 (319) – „Görgülü".
312 *BVerfGE* a.a.O., S. 317.
313 *EuGH* Slg. I 2002, 6279 – „Carpenter"; *EuGH* Slg. 2002, I-6591 – "MRAX".
314 *Lindner*, Jura 2008, 401 (402).
315 *BVerfGE* 73, 339.
316 *BVerfGE* a.a.O., S. 378.
317 *BVerfGE* 89, 155.
318 *BVerfGE* a.a.O., S. 174 f.

EU-Recht beruhende Entscheidungen deutscher Hoheitsträger[319] gegen die Grundrechte des GG wehren.[320]

Möglicherweise wird es im Rahmen der verstärkten Zusammenarbeit im polizeilichen und justiziellen Bereich in der Zukunft zu einer flächendeckenden Einführung der Online-Durchsuchung in den Mitgliedsstaaten kommen. In Betracht kommt eine einheitliche Regelung auf Basis einer Richtlinie. Dies wäre unter Berücksichtigung der Tatsache, dass Online-Verbindungen nur schwer an nationalen Grenzen aufzuhalten sind, folgerichtig. Dann bliebe abzuwarten, ob auch der EuGH oder gar die Gemeinschaft einen, dem Grundrecht auf Gewährleistung der Vertraulichkeit und Integrität informationstechnischer Systeme vergleichbaren, Grundrechtsschutz auf europäischer Ebene einführen werden.

Abschließend bleibt noch festzustellen, dass die rechtlichen Probleme der Anwendung im Kollisionsfall nicht den Eindruck erwecken dürfen, bei den Grundrechten der verschiedenen Ebenen handele es sich um „Konkurrenten". Vielmehr ergänzen Grundfreiheiten, Grundrechte als allgemeine Rechtsgrundsätze und die Grundrechte der EUGrCh einander.[321]

VI. Völkerrechtliche Aspekte der Online-Durchsuchung

1. Verletzung des völkerrechtlichen Territorialitätsprinzips durch die Online-Durchsuchung

Zur Übermittlung im Internet werden die Daten paketweise versandt, wozu jedem Rechner eine individuelle IP[322]-Adresse zugeteilt wird, mit der im Netz Absender (Quell-Host) und Empfänger (Ziel-Host) der Daten bestimmt werden können.[323] Der Weg der Datenpakete wird dabei grundsätzlich vom Internet Protocol bestimmt.[324] Zwar soll es möglich sein, den Datenpaketen – in gewissem Umfang – eine bestimmte Route vorzuschreiben, um so die Datenpakete auf den Verbindungsrechnern innerhalb eines Staates zu halten.[325] Der Auslandsbezug einer Online-Durchsuchung ist aber unter mehreren Aspekten denkbar.

319 Siehe nur *BVerfGE* 102, 147 – „Bananenfall".
320 *Hufen*, Staatsrecht II, § 4 Rn. 11.
321 *Hufen*, Staatsrecht II, § 3 Rn. 12.
322 IP = Internet Protocol.
323 *Sieber*, in: Hdb. Multimedia-Recht, Teil 1, Rn. 51 - 52.
324 *Sieber*, a.a.O., Rn. 70.
325 Ebda., siehe dort Fn. 3.

Um das Ausgangssystem der Online-Durchsuchung zu schützen und damit auch die Maßnahme an sich verdeckt zu halten, muss eine Identifizierung des Ausgangssystems und eine Rückverfolgung ausgeschlossen werden. Dies kann durch Nutzung einer IP-Adresse aus dem Ausland oder sog. „Server Hopping“ geschehen.[326] Auch könnte sich der zu durchsuchende Datenspeicher im Hoheitsgebiet eines fremden Staates befinden, sei es weil der Betroffene sein mobiles System mit auf Reisen genommen und von unterwegs Verbindung ins Internet hat oder weil dem Betroffenen Speicherplatz auf einem ausländischen Server zur Verfügung steht. Letztlich ist auch denkbar, dass die Angriffssoftware bzw. deren Rückmeldung an die Ermittlungsbehörde über das Internet Server ausländischer Staaten nutzt.

Durch Ermittlungstätigkeiten via Datenleitungen werden völkerrechtliche Grundsätze verletzt, da zwar mangels physischer Tätigkeit die Grenzen des Hoheitsgebiets fremder Staaten nicht offensichtlich verletzt werden, jedoch werden beim Abruf der Daten im Ausland dortselbst Datenverarbeitungsvorgänge ausgelöst und gesteuert.[327] Der Auslandsbezug folgt aus der kausalen Herbeiführung einer wahrnehmbaren Außenweltveränderung auf fremdem Territorium.[328] Dem kann auch nicht entgegengehalten werden, dass der Ort, von dem aus die eigentliche Maßnahme durchgeführt ist, im Inland belegen ist. Denn entscheidend ist nicht der Ort, an dem die Maßnahme durchgeführt wird, sondern der, an dem sich die Auswirkungen zeigen.[329] Das völkerrechtliche Territorialitätsprinzip, das dem souveränen Staat das Recht gewährt, Hoheitsakte fremder Staaten auf dem eigenen Staatsgebiet abzuwehren, darf folglich nicht durch neuartige Ermittlungsmöglichkeiten über die Kommunikationsnetze umgangen werden.[330]

Nach Auskunft der *Bundesregierung* würde eine Online-Durchsuchung nur nach „intensiver Vorbereitung und Vorklärung“ erfolgen, wodurch sichergestellt werden soll, dass der Einsatz „im Geltungsbereich deutschen Rechts“ erfolgt.[331]

---

326 *Pohl*, DuD 2007, 684 (687).

327 *Bär*, Hdb. EDV-Beweissicherung, Rn. 375.

328 *Sankol*, K&R 2008, 279 (280).

329 Für die Auslandskopfüberwachung dargestellt von *Reinel*, wistra 2006, 205 (208).

330 *Sankol*, K&R 2008, 279 (281); *Möhrenschläger*, wistra 1991, 321 (329).

331 BT-Drs. 16/4997, S. 5.

2. *Online-Durchsuchung im Ausland („Transborder Search") nach der Cyber-Crime-Konvention?*

Möglicherweise bestehen aber bereits heute völkerrechtliche Abkommen, die eine grenzüberschreitende Online-Durchsuchung ermöglichen. Art. 19 Abs. 2 des Übereinkommens über Computerkriminalität[332] (Cyber-Crime-Konvention) ermöglicht die Ausdehnung der Durchsuchung eines Computersystems auf Daten, die in Systemen im Hoheitsbereich anderer Vertragsstaaten gespeichert sind. Dadurch soll jedoch – vergleichbar der Regelung des neuen § 110 Abs. 3 StPO (siehe dazu oben B.I.5.b) – keine allgemeine Befugnis zur Online-Durchsuchung in fremden Staaten bestehen.[333] Dies ergibt sich schon aus den Art. 29 ff. der Konvention, die die Rechtshilfeverfahren bei der Sicherung gespeicherter Computerdaten im Hoheitsgebiet anderer Vertragsparteien regelt. Durch Art. 32 der Konvention wird jedoch der Zugriff auf solche Daten ohne Genehmigung des fremden Staates erlaubt, die öffentlich zugänglich sind oder wenn der individuell Betroffene seine Zustimmung erteilt hat.

Die Beistandspflichten der Konvention gehen zwar weit über die gängigen Rechtshilfemaßnahmen hinaus und zeichnen einen Mindeststandard strafrechtlicher Rahmenbedingungen beim Umgang mit Computersystemen.[334] Eine heimliche Online-Durchsuchung in einem fremden Staat gestatten sie jedoch nicht. In einem solchen Fall haben die Ermittlungsbehörden weiterhin um Rechtshilfe bei dem jeweiligen Staat zu ersuchen.

---

332 Convention on Cybercrime des Europarats v. 23.11.2001, in Kraft getreten am 01.07.2004, von Deutschland unterzeichnet, derzeit aber noch nicht ratifiziert.

333 So im Ergebnis *Schnabl*, Jura 2004, 379 (381); *Bär*, Hdb. EDV-Beweissicherung, Rn. 500.

334 *Kugelmann*, TMR 2002, 14 (21).

D. Rechtsfragen der Quell-TKÜ

I. Allgemeines

Umstritten war bisher, auf welcher rechtlichen Grundlage eine Quell-TKÜ (zum Begriff siehe oben B.I.4) möglich ist. Dazu sind vor dem technischen Hintergrund (siehe oben B.II.4) als wesentliche Arten von VoIP zu unterscheiden

- Kommunikation zwischen zwei PCs (Peer-to-Peer)
- Kommunikation Festnetz zu Festnetz unter Zwischennutzung eines IP-Netzwerks.[335]

Einer Ansicht nach könne sich zumindest eine repressive TKÜ nicht auf § 100a StPO stützen, da sich dessen Anordnung an den Betreiber von Telekommunikationsdiensten richte und damit nur den technischen Vorgang der Nachrichtenübermittlung des Betreibers regele.[336] Wenn die Ermittlungsbehörde aber – wie regelmäßig bei der Quell-TKÜ – beabsichtige, Zugriff auf die unkodierten Gespräche eines Beschuldigten auf dessen Computer zu nehmen, liege darin keine Nachrichtenübermittlung des Telekommunikationsanbieters und damit kein Eingriff in den Schutzbereich von Art. 10 Abs. 1 GG, sondern ein Abhören, das als Eingriff in den Schutzbereich des Art. 13 Abs. 1 GG aber nicht durch § 100a StPO gerechtfertigt sei.[337] Dem wurde bereits vor dem Urteil des *BVerfG* zur Online-Durchsuchung entgegengehalten, dass es sich bei allen Formen der Internet-Telefonie um Telekommunikation handele und folglich repressive Überwachungsmaßnahmen von § 100a StPO erfasst würden.[338] Weiter soll somit auch die Installation der entsprechend erforderlichen Übertragungssoftware keinen Eingriff in Art. 13 GG darstellen, da der Schutzbereich des Grundrechts nicht eröffnet sei und sich aus der Ermächtigungsgrundlage des § 100a StPO eine hinreichende Annexkompetenz für die Installation der Software auf dem Rechner des Betroffenen ergebe.[339]

Das *BVerfG* hat klargestellt, dass der durch die Quell-TKÜ erfolgende Eingriff allein an Art. 10 Abs. 1 GG zu messen sei, da der Schutzbereich unabhängig davon betroffen sei, ob die Maßnahme technisch auf der Übertragungsstrecke oder am

---

335 *Bär*, Hdb. EDV-Beweissicherung, Rn. 123.
336 *LG Hamburg*, MMR 2008, 423 (424).
337 Ebda.
338 *Bär*, Hdb. EDV-Beweissicherung, Rn. 127.
339 *Bär*, MMR 2008, 215 (219).

Endgerät der Telekommunikation, das auch ein vernetztes informationstechnisches System sein kann, ansetzt.[340] Dabei müsse jedoch durch technische Vorkehrungen und rechtliche Vorgaben sichergestellt werden, dass sich die Überwachung nur auf die Telekommunikation bezieht.[341] Damit berücksichtigt das Gericht, dass derzeit die technischen Voraussetzungen zur Durchführung einer Quell-TKÜ gleich denen zur Durchführung einer Online-Durchsuchung sind (siehe dazu auch oben B.II.4). Der Schutz des Telekommunikationsgeheimnisses bestehe jedoch nicht, wenn die Nutzung eines informationstechnischen Systems als solche überwacht werde oder dessen Speichermedien durchsucht würden.[342]

2. Gesetzliche Einführung der Quell-TKÜ

Da der Schutzbereich des Art. 10 Abs. 1 GG bei der Online-Durchsuchung auch dann nicht eröffnet sein soll, wenn die Übermittlung der dabei erhobenen Daten über eine Telekommunikationsverbindung erfolgt[343], ist der Eingriff durch die Quell-TKÜ wegen der Subsidiarität nicht am neuen Grundrecht auf Gewährleistung der Vertraulichkeit und Integrität informationstechnischer Systeme zu messen. Daher ist trotz der technischen Vergleichbarkeit der Maßnahmen für die Quell-TKÜ eine eigene Eingriffsermächtigung erforderlich.

Der Bundesgesetzgeber hat für den präventiven Bereich bereits reagiert. In § 201 Abs. 2 BKAG-E soll die Überwachung der Telekommunikation durch Eingriff in ein informationstechnisches System ermöglicht werden, wenn der Eingriff notwendig ist, um insbesondere die Überwachung und Aufzeichnung in unverschlüsselter Form zu ermöglichen. Im Übrigen entsprechen die Regelungen denen der Online-Durchsuchung in § 20k BKAG-E.

340 *BVerfG* (o. Fußn. 15), Absatz-Nr. 184.
341 *BVerfG* (o. Fußn. 15), Absatz-Nr. 190.
342 *BVerfG* (o. Fußn. 15), Absatz-Nr. 185.
343 *BVerfG* (o. Fußn. 15), Absatz-Nr. 186.

E. Fazit

- Die Einführung des neuen Grundrechts auf Gewährleistung der Vertraulichkeit und Integrität informationstechnischer Systeme ist zu begrüßen. Ungeachtet weiterer denkbarer Eingriffsmöglichkeiten schließt es eine Schutzlücke, die zumindest für solche Systeme bestanden hat, die außerhalb des Schutzbereichs von Art. 13 Abs. 1 GG infiltriert wurden.

- Im Detail bedarf es noch einer deutlicheren Herausarbeitung der Abgrenzung des Schutzbereichs des neuen Grundrechts zu denen der Grundrechte aus Art. 10, 13 GG und dem informationellen Selbstbestimmungsrecht als weiterer Ausprägung des allgemeinen Persönlichkeitsrechts aus Art. 2 Abs. 1 i.V.m. Art. 1 Abs. 1 GG.

- Der durch richterrechtliche Grundrechtsfortbildung gestärkte grundrechtliche Schutz der Bürger zeigt, dass das Grundgesetz im Zusammenspiel mit dem *Bundesverfassungsgericht* die Rechte der Bürger gegenüber dem Staat behaupten kann – und dies gerade in einer Situation, in der die Grundrechte unter Berufung auf mögliche Bedrohungen des Staates durch terroristisch motivierte Täter zum angeblichen Wohl der Grundrechtsträger beschnitten werden sollen. Gerade dann, wenn Freiheiten beschränkt werden sollen, sind (Freiheits-)Grundrechte als Abwehrrechte am dringendsten erforderlich: solange die Freiheit gewahrt ist, bemerkt man sie nicht.

- Die Einführung der Online-Durchsuchung unter Berücksichtigung des neuen Grundrechts ist gerechtfertigt. Die Maßnahme bleibt aber einer kritischen Überprüfung ausgesetzt: sollte sie sich – z.B. auf Grund der einfachen Möglichkeit zur technischen Abwehr (vgl. dazu oben B.II.3) – als erfolglos erweisen, ist der Gesetzgeber trotz seiner weitreichenden Einschätzungsprärogative bei der Erfüllung seiner „Staatsaufgabe Sicherheit" gehalten, eine derart grundrechtsintensive Eingriffsmaßnahme zu revidieren.

- Das Problem der möglichen Kostenbelastung Dritter, insbesondere der Provider, bei der zwangsweisen Beteiligung an staatlicher Ermittlungstätigkeit wie der Online-Durchsuchung oder der Quell-TKÜ ist einer für Unternehmen wirtschaftlich vertretbaren Lösung zuzuführen.

- Der Vorbehalt der richterlichen Genehmigung der Online-Durchsuchung könnte sich als unzureichende Maßnahme zur verfahrensrechtlichen Absicherung der Interessen der von der Online-Durchsuchung, aber auch anderer heimlicher Eingriffsmaßnahmen Betroffenen erweisen (vgl. dazu oben C.IV.2). Möglicherweise sind weitergehende Sicherungen notwendig.
- Die öffentliche Diskussion bei Einführung der Online-Durchsuchung hat möglicherweise dazu geführt, dass in der breiten Bevölkerung über die Frage des Umgangs mit Daten und informationstechnischen Systemen nachgedacht wird. Dies insbesondere unter Berücksichtigung der Brisanz (privater oder geschäftlicher) Daten.
- Bundes- und Landesgesetzgeber sollten eine Vereinheitlichung heimlicher Eingriffsbefugnisse, insbesondere im Hinblick auf den Kernbereichsschutz, anstreben.
- Der zivilrechtliche Schutz der Integrität informationstechnischer Systeme – und dabei insbesondere des eigenen Datenbestandes – muss gesetzlich ausdrücklich geregelt werden.

Stichwortverzeichnis

Die Zahlen benennen die Seitenangaben der Fundstellen